河出文庫

知れば恐ろしい日本人の風習

千葉公慈

河出書房新社

本文イラスト＊角 愼作
図版作成＊ＡＫＩＢＡ
写真＊フォトライブラリー

日本人の風習に隠された「恐怖」を読み解く――まえがき

〝知性偏重〟が招く危うさ

世界は今、あらゆる意味で混沌《こんとん》の時代に入った。放射能汚染、原発再稼働、温暖化による異常気象、領土問題、宗教戦争……。いずれも深刻な問題ばかりである。しかし冷静に考えてみると、実はこれら多くの問題が、人間によって引き起こされた人災であるという事実を、私たちは自覚しているだろうか。

天災という自然の神さまによる〝いたずら〟ならば、無力な人間である私たちに問題を回避することは不可能だろう。しかし、ことの問題が人間に起因し、人間が始めた事象であれば、何とか知恵をしぼり出してそれらを止めることができるはずだ。それがものの道理というものである。

長い人類の歴史から見れば、近代以降というほんの一瞬のスパンのうちに、なぜわれわれ現代人は深刻極まりない人災を次々に引き起こし、見逃し、問題の解決を先送りし続けているのだろうか。

こうした世界全体の負のスパイラルを俯瞰《ふかん》するとき、筆者は、そこに共通する現代人の〝心の問題〟があると思えてならない。それは「恐怖」という感情の欠如であり、直感的な判断を論理的に排除してしまう特性である。

たしかに現代人は、科学の飛躍的な進歩によって、その知性と理性とを武器に時代を切り拓いてきた。しかし、この現代的な知性と理性は、原始的ともいえる本能の「感情」をたやすく封じ込めてきたことを忘れてはならない。素顔でいるときには本性を隠して、仮面をつけると逆に本性が現れるという心理学の常識から考えれば、昨今のコスプレブームや赤裸々すぎるネットの書き込みは、素直な感情を封じ込めた現代人の心を解き明かす例証といえるだろう。

私たちは、根拠が曖昧《あいまい》な直感よりも、推敲《すいこう》を重ねた理性的判断のほうがはるかに頼りになると〝直感〟するあまり、人類が何万年にもわたって育み、蓄積してきた本能的感情を軽視してはいないだろうか。

風習という智恵から何を学ぶか

もちろん、そうした科学的根拠にもとづく「知性」が、数多《あまた》の迷信や妄想を白日の下にさらし、文明の発展に貢献してきたことは揺るがない事実である。しかしその一方、人類の悠久の歴史において、「恐怖」という感情が果たしてきた役割は、さらに大きいといわねばならない。それはヒトがサルであった時代、外敵から身を守るために働いたプリミティブな心理であり、「怖い！」という思いこそ、人間のあらゆる観念の中でもっとも古い感情だからである。

そもそも「感情」自体がより本能的なものであり、「理性」や「知性」よりも素早く脳は反応し、伝達することができるのは、生存に対する欲求が主に本能によって支えられてきたことを指している。その意味で感情の発達、とりわけ恐怖に対する感性は、自分の命を危険にさらす敵を瞬時に見抜き、身を守るためには不可欠な存在として、あらゆる生命のリスクを回避してきた、いわば〝安全装置〟でもあった。

おどろおどろしく語りかける古代の神話や地方の民話、そして一見、意味のないような風習のなかに、実はその不気味さによって、私たち人間の生命を守る安全装置として機能してきた事実は意外に多い。川淵の河童《かっぱ》に奥山の山姥《やまうば》、そして村に伝わる不思議な掟《おきて》の数々……。これらは現に、里に住む人々を身近な危険から遠ざけ、守ってきた番人役であった。これこそ古来、日本人が無意識のうちに直感し、築き上げてきたひとつの智恵と呼ぶことができよう。

本書では、日本に古くから伝わる馴染み深い風習やタブー、季節の行事、子どもの遊びや昔話などのルーツを探り、どこか不気味に感じられる行為そのものをひとつひとつ検証していく。そうして「日本人は何を、なぜ恐れてきたのか」「その恐怖とどうつき合ってきたか」を追体験することで、われわれが忘れていた智恵を思い出すことができるのではないだろうか。

もしも、あなたが未知の存在や未曽有《みぞう》の出来事を目前にしたとき、〝本当は恐ろしい〟怪物が背後に隠されているのではないかと直感するなら、それは本来とても自然なことであり、健康的なことなのである。

たとえ、郊外に新しく建設された〝希望ケ丘ニュータウン〟のような、昔からの風習が廃《すた》れた市街地であっても、そこからまた新たな都市伝説やらコックリさんやら今風の祟《たた》りが生まれている事実は、私たち人間がどんな時代でも生き延びようとする純粋な心を物語っている。

人間と恐怖、それは切っても切れない宿命的な関係であり、そしてこの恐怖こそ、混沌とした新時代を生き残るための重要なキーワードとなるに違いない。

知れば恐ろしい日本人の風習／もくじ

2章 身近な「年中行事」に秘められたミステリーとは

◎たとえば「お彼岸」は、怨霊を鎮めるために始まった

3章　「子どもの遊び・わらべ唄」のルーツをたどって見えた恐怖

◎たとえば「かごめかごめ」は、屋外式こっくりさんか

4章 本当に恐ろしい「昔話」はいかに編まれたか

1章

奇妙で不可思議な「しきたり・タブー」の謎を解く

◎たとえば「葬式には黒装束で参加する」わけとは

葬式には「黒装束」で参列する――死者が白装束なのに参列者は〝黒一色〟という謎

●葬式も、結婚式と同じ〝ハレの日〟だった

白無垢《しろむく》の衣装といえば、文金高島田の花嫁姿を連想される方も多いだろう。しかし白無垢といえば、筆者のように僧職にある者にとっては、死者を見送る葬儀の折の正礼装ということになる。現在でも遺体を棺《ひつぎ》に納める「納棺《のうかん》の儀」の際は、白い経帷子《きようかたびら》を着せ、手には白い手甲《てつこう》、そして足には白い足袋《たび》をはかせて草履《ぞうり》（草鞋《わらじ》）まで身につけさせた、いわゆる死装束《しにしようぞく》としての白無垢である。

ただ、婚礼と葬礼には、意外に似かよった慣習があることは、あまり知られていない。花嫁が実家を出るときには、遺体の出棺の折と同様に茶碗を割ったりすることがある。嫁として家を出るということは「二度とここへは戻らない」ことを意味し、死者がこの世からあの世へ赴《おもむ》くときも、けっして現世に戻ることなく成仏《じようぶつ》するようにとの願いが込められている。

あるいは東北地方に伝わっていた死者を伴侶《はんりよ》とする死後婚（冥婚《めいこん》）や、青森県金木町に伝わる死者のために婚礼人形を奉納するしきたりなどを見ると、古くから日本人は、吉事と凶事を区別するよりも、日常（ケ）と非日常（ハレ）を区別する感性をより重んじてきたようである。[1]

つまり、出産、結婚、葬式などの、これら人生の通過儀礼は、祝い事なのか忌《い》み事なのかといった違いよりも、どちらも神仏に近づく特別の機会（ハレ）として同類に捉えられていた。そのために白装束は、こうした概念を持ち合わせていたことの表れとして、理解されるべき慣習なのである。

それでは、なぜ神仏に近づくハレの姿は白無垢なのだろうか。

この理由のひとつに、死者への「四十九日信仰」が深く関係している。仏教では、死後、命日を入れて49日間は来世までの旅が続くと信じられた。

『如来十王《にょらいじゅうおう》経』によると、死して後に生まれ変わるそのあいだ、人は「中有《ちゅうう》」と呼ばれ、7日毎《ごと》に節目を迎えるという。初七日の不動明王《ふどうみょうおう》、14日の三途の川を渡る際の釈迦《しゃか》如来、21日の文殊菩薩《もんじゅぼさつ》、28日の普賢《ふげん》菩薩、35日の閻魔《えんま》大王による裁きにあたる地蔵菩薩、42日の弥勒《みろく》菩薩、49日の薬師《やくし》如来が、それぞれ生まれ変わりまでの守り本尊である。

つまり旅といっても、物見遊山《ものみゆさん》の娯楽ではなく、来世に再生して成仏する資格を得るための、いわば〝仏の見習い研修〟であり、認定審査を受ける期間でもあるのだ。

ちなみに中有を経て「後有《ごう》」となってからも、仏の旅路は続くという。百か日の観音菩薩、一周忌の勢至《せいし》菩薩、三回忌の阿閦《あしゅく》仏、七回忌の大日《だいにち》如来ときて、三十三回忌の虚空蔵《こくうぞう》菩薩に至るまでが十三仏信仰の内容である。

つまり白装束とは、こうした神仏と出会い、時に裁きを受ける際に〝清き明き心〟を見せるために必要な身支度といえる。罪を憎んで人を憎まずという言葉のとおり、白装束は本人の身の潔白を証明するために必要な衣装であった。

したがって、もし白装束のタブーを犯し、身の潔白が明かされなければ、村の仲間との和を乱すだけでなく、超自然的な危険な力を持つ神仏に対して逆らうことになると恐れていた。そこで、災害や病気といった自然に起こる災いを誘発しないためにも、神仏への従順な態度を示すことは、どうしても必要なしきたりと信じていたのである。

●古来、日本の喪服は白かった

ところで基本的に日本人は、仏教伝来以前から、いわゆる性善説に近い思想を持っていた。自己の魂《たましい》を本来的に汚れの無い清廉《せいれん》な存在と認める古代人たちは、もともとそれを白無垢の衣装で表現してきたのである。神道でも神様を祀《まつ》るときや、あらたまった儀礼では白装束を身にまとう。

実際『日本書紀』をはじめとする古代の文献には、喪服ははっきりと白であったという記録が残っている。それが奈良時代になると、養老《ようろう》2年（718）発令の養老律令において、「天皇は直系二親等以上の喪の際には、墨染めの色を着用すること」という喪葬令が定められた。これが契機となって一時的に黒の喪服がひろまり、平安後期には一般にも黒が着られるようになった時代がある。しかしその後、室町時代にまた白装束が復活する。

一説に、増田美子氏の著『日本喪服史　古代篇―葬送儀礼と装い―』（源流社）によると、平安時代以降に黒の喪服を着用したのは上流階級だけで、庶民は一貫して白のままだったのではないかと推測している。なぜなら、わざわざ白い布を黒く染めるためには染料が必要であるうえ、手間もかかり、黒装束を調達するのは容易でないからである。

また、多くの庶民は相変わらず「白」のままであったため、貴族文化の影響力が薄れてきた室町時代になると、上流社会にも復活し、やがて黒の喪服がなくなっていったのではないかと増田氏は推測している。ちなみに中国や韓国、ベトナムなどアジア諸国でも、古くから「喪服は白装束」が一般的である。

このように、ある一時代だけ喪服に黒の衣装を着用した貴族たちが存在したが、長い日本の歴史においては「喪服は白装束」が一貫して主流であった。したがって死者はもとより、相続人（後継者）も慎みの気持ちを表すために、近代になっても白い裃《かみしも》をつけたものである。

しかしながら白い裃などは、かなり用途が限られていたこともあって、一般庶民には用立てがやはり困難であった。そこで、早くから羽織《はおり》と袴《はかま》で代用する習わしもあったが、時に紋服の上から白木綿の袖無しを着たり、白い木綿を肩にかけることもあった。さらに、襟首から背中にかけて白布をかけて垂らす作法も（左図参照）今に伝わっている。(2)

遺体へかぶせる衣類に対して履物にも注意を要する。葬装の履物としては、多く足《あし》半草履《なかぞうり》と紙緒《かみお》草履ということになっている。足半はその名のとおり、大きさが足裏のなかばまでしかない小さな形の草鞋で、足底をすべて覆う長《なが》草履と区別される。この足半は足裏により密着し、鼻緒が丈夫で、滑りにくく、足さばきのよいことから、戦闘や山歩きの際には必需品であった。また、これを履くとマムシに咬《か》まれないという信仰もあり、無事安全な旅の象徴でもあった。

この足半草履も、紙で鼻緒を結ぶ紙緒草履も、必ず鼻緒は白色と決まっており、色のついた草履しかない場合は、白い紙を横に結びつけることによって白装束に代える習わしである。この白草履を、故人はもちろん、喪主と棺をかつぐ者は履くか、腰の白帯にはさんで故人と歩みを共にすることになっている。

かつての出棺の際は、必ず屋敷内の畳の上から履き下ろすことを常とした。骨拾いの際にも履き、帰途にあたっては必ず鼻緒を切って捨ててから帰ったものである。鼻緒を切るしぐさは、死者が再びこの世に戻らないようにとのまじないであり、火葬場周辺で時計回りに3遍巡る行為も、やはり往路をたどって帰路に戻らぬようにするためである。

白布をかけて垂らす作法

また筆者の地元、千葉県市原市では、埋葬の役をつかさどる行人《ぎょうにん》は白い一反《いったん》木綿を腰に巻きつける風習が未だに残っている。これは多くの地方に伝わる作法であり、本来の葬礼における喪服が白装束であることの略式にほかならない。

筆者は、とある地方で、故人の縁者が意外にも、ワイシャツだけの軽装で葬儀に参加する場面を見たことがある。通夜では取るものも取り敢えず駆けつけるために軽装とすべきマナーもあるが、そうした意味での身支度ではなく、すっかり通夜を経てからの葬儀にもかかわらず、多くが軽装で駆けつけていることに、当時、筆者は違和感を覚えたものだった。

何げなくそれを地元の長老に尋ねると、「ひと昔前は、葬式といえばみんな白い服を着て揃えたから、それに近い肌着やシャツなんかを自然に着るようになったんだよ。第一、楽だしね」と教えてくれたことがある。

●なぜ、白装束が「黒」に変わったのか

ところで、現代人にとって正礼装の喪服といえば、やはり黒装束が常識的であろう。男女を問わず、親族も弔問者も、すべて黒ずくめの服装をしているので、一見しただけで葬式であることがわかる。

上述した伝統的な無垢の白装束は、宮司《ぐうじ》・禰宜《ねぎ》などの神官や一部の仏教宗派に残るが、およそ死者を見送る葬祭儀礼に関しては、和服と洋服を問わずに〝墨染めの喪服〟とするのが、今ではひろく一般的である。それでは、一体、いつ頃から黒の喪服が定着したのだろうか。

これは、明治維新政府による欧化政策のひとつとして、西洋の葬祭儀礼にならってひろめられたことを契機としている。長き江戸幕府の時代に終わりを告げ、鎖国が解かれる際に、国際的にも通用するさまざまな生活習慣が採り入れられたのだ。

髪形、服装、食事、生活スタイル、住まい、生業《なりわい》など多くが変わらなければならなかった趨勢《すうせい》において、もちろん葬祭マナーも新たに身につけておく必要があった。

長年にわたって神道や仏教、儒教、道教などといった東洋だけに限られて信仰されていたわが国の宗教界は、とりわけ世界中を席巻《せっけん》していたキリスト教という西洋文化を否応なく受け入れることになり、いわば〝宗教の開国宣言〟を行なわなければならなかった。日本人にしか通用しない作法によって〝恥ずかしい国民〟と世界から思われぬよう、配慮する必要もあった。

直接的には、明治30年（1897）の皇室葬儀の際に、当時の政府は列強の国賓《こくひん》の目を気にして黒での統一が決定したという。その後は、皇室の喪服を黒とすると正式に規定されるに至り、庶民もそれにしたがって徐々にひろまっていった。

やがて第二次世界大戦によって戦死者を供養する葬儀が格段に増え、喪服の需要が増加すると、都市部の貸衣装店を中心に汚れやすい白ではなく、汚れが目立たない黒の喪服を揃えるようになったのである。

かくして日本の喪服の歴史は、白装束と黒装束とを繰り返してきたといえる。また喪服は本来、喪にある期間中ずっと着用するものであったが、近年は、わずかに葬送の日などに着装されるにすぎない。しかしいずれの色であっても、どのような着こなしであっても、家族や隣人の死は、永遠の別れという非日常的な出来事であり、世界に共通する悲しみの感情を表現している。

日本人にとって元来、白装束が喪服の姿であったとはいえ、わが国には古くから「黒不浄《くろふじょう》」という言葉もあったほどで、死者の赴《おもむ》く黄泉《よみ》の国は、根の国、すなわち地底深くの暗黒の世界と考えてきたのである。そのため、普及には開国など諸般の事情があったとしても、黒装束の喪服が定着することに、人々は、それほどの違和感を覚えなかったのではないだろうか。

ただ近親者のみならず、弔問客までも黒装束となったのは、喪服の手入れの簡単さに加え、戦後欧米諸国の影響もあって実にこの半世紀のことであり、急速な近代化によって一層拍車がかかった〝新しい常識〟なのである。

友引《ともびき》の日には葬儀を避ける

――やはり「親しい友達をあの世に引っ張っていく」からか

●旧暦に隠された日本人の思想

物事に優れた人物や学徳の高い僧を「聖《ひじり》」という。もともと、聖とは「日知り」と書くように天文暦数《てんもんれきすう》を知る人であり、日（太陽）のように世の中を知る人の意味ともいわれる。(3)

農耕民族の日本人にとって、日の動きと季節の移り変わりの微妙な変化を知ることは、日々の生活を守り、生き延びるためにも必要不可欠な知恵だった。たとえば上弦《じょうげん》の月の頃は晴天が多く、下弦の月の頃は雨天・曇天《どんてん》が多いということも、農家にとっては今でも目安となっている。

古来、日本人は、農作業や漁業の生業のために月の満ち欠けを主な目安として暦《こよみ》としてきた。これを現在では、旧暦という。旧暦の周期は約29・53日なので、昔のひと月は29日または30日としていた。したがって、1年は平年12か月で354日前後となるため、実際の365・2422日との差である約11日のズレを修正するために、

月の満ち欠け

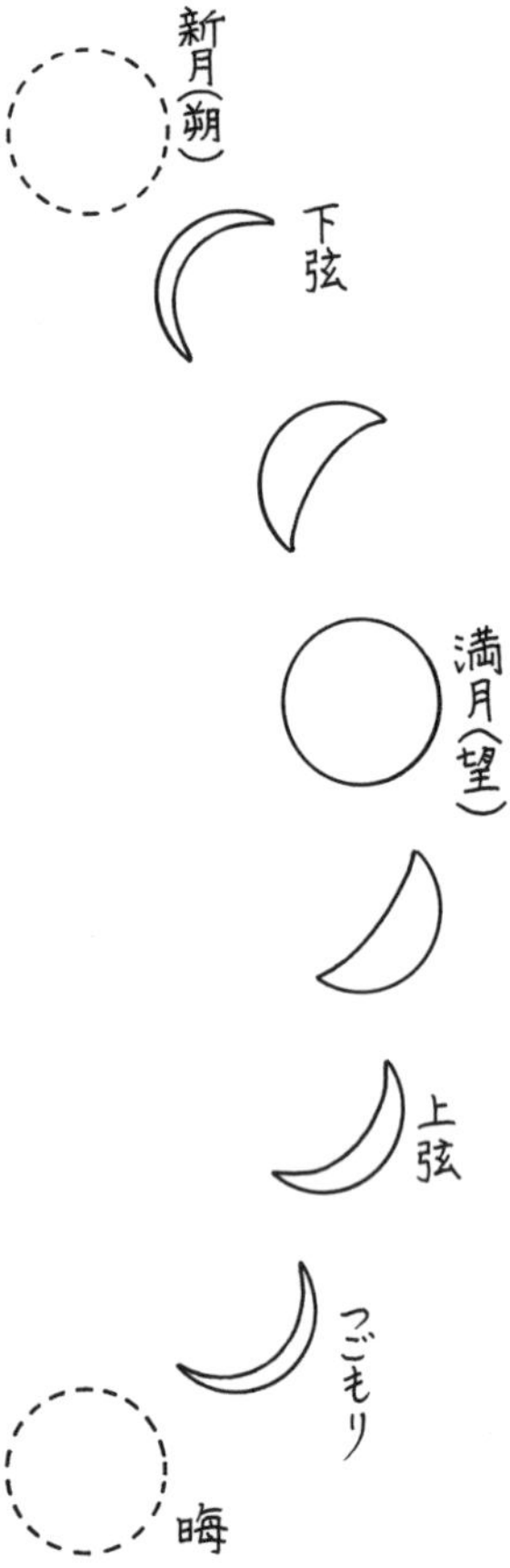

19年に7回の閏月《うるうづき》を設けた。

これで、閏の年は12か月ではなく、13か月の384日となった。つまり旧暦とは、太陰（月）の運行のカレンダーといえる。「六曜《ろくよう》」（もしくは「りくよう」）もそうした太陰暦とともに受け継がれ、信仰されてきた暦注のひとつであった。

六曜は、「六輝《ろっき》」や「宿曜《すくよう》」などとも呼ばれ、古くは中国の「六壬時《りくじんじ》課《か》」、または「小六壬《しょうろくじん》」と呼ばれる吉凶占いが室町時代に伝わり、日本で独特に変化した。暦注のひとつとして、江戸時代の後期からしだいに庶民にひろまり、旧暦をあまり用いなくなった現代でも、一般的に採用され信じられている珍しい風習である。

ちなみに現在の新暦である太陽暦は、かの「明治改暦」によって、明治5年12月3日を明治6年1月1日とすることから始まった。

財政事情に苦しんだ当時、大隈重信《おおくましげのぶ》が、公務員の年末ボーナスを一律カットするために設定したという逸話も付随して伝えられるこの新暦は、「地球が太陽の周囲を一周する時間を1年と定めた暦」として、1太陽年（1回帰年）の長さにもとづいて暦年が設定されている。

したがって、月の運行や満ち欠けの周期は考慮されていない。現在、世界各国で使われているグレゴリオ暦はこの一種で、1年を365日、4年毎に1日の閏日を置いて366日とするのは周知のとおりである。

●もとは「友引」ではなく「共引」だった

旧暦には、実にさまざまな吉凶の占いが記載されていたというが、その好例が前述した六曜である。これは、先勝《せんしょう》・友引《ともびき》・先負《せんぶ》・仏滅《ぶつめつ》・大安《たいあん》・赤口《しゃっこう》の6種をいう。

このうち友引は、勝負事で何事も引き分けになる日、つまり古くは「共引」と表記されており、元来は現在のような〝友を引く〟という意味はなかった。陰力と陽力が

「共に引き合う」のであって、友を引くという意味ではないのである。(2)

しかしながら現代では、親しい友達をあの世に引っ張っていくから、葬式などの忌むべき行事をするには縁起が悪いとされるようになってひろまってしまった。したがって「友引に葬式をするのは縁起が悪い」というのは、まったくの迷信ということになる。

さりとて実際には、こうした迷信を守り続けていることにも大きな理由がある。それは、友引に葬式を行なうようになれば、火葬場や葬祭業者、ましてや寺院に週休が無くなってしまうからである。理由はともあれ、友引がなければ寺院や葬祭業者は、365日24時間にわたって葬儀のために臨戦態勢をとることになる。

さらにいえば、けっしてわれわれ寺院の僧侶は、友引に休んでいるわけではない。寺院の集会や会議、大きな行事などは、どうしても安定した日程の確保が必要となるため、それを友引日に当てているというわけである。

「先勝」は、「先んずれば即ち勝つ」の意味で、万事に急ぐことが良いとされ、午前中は吉、午後は凶といわれる。「先負」は、「先んずれば即ち負ける」の意味で、万事に平静であることがよく、勝負事や急用は避けるべきとされ、「午前中はわるく、午後はよろしい」ともいう。

「仏滅」は、もともと「すべての物が滅する凶日」の意味で〝物滅〟といったが、近年になって「仏」の字が当てられた。

「大安」は、「大いに安《やす》し」で、六曜の中でもっとも吉の日とされる。何事にも吉、成功しないことはない日とされ、とくに婚礼は大安の日に行なわれることが多い。

「赤口」は、陰陽道《おんみょうどう》では凶日とされ、正午過ぎまでは吉だが、午後は凶ともいわれた。この日は「赤」という字が付くため、出血や火災の事故につながると考え、火の元や刃物にはとくに気をつけよと戒めた日である。

いずれにしても、仏教では「日々是好日《ひびこれこうじつ》」と教えている。1日1日が限りある貴重な生涯の時間だからである。経典には「何処有南北、本来無東西」（何《いず》れのところにか南北有らん、本来は東西無し）ともいわれる。この世界に吉凶の方角を決めつけているのは、人間の考えた〝勝手な事情〟によるものであり、この世界にひろがる大自然は、人間を微塵《みじん》も差別することはないのだ。

迷信にとらわれすぎると、人生を生きる自由をみずから狭めてしまう。真に恐ろしきは、与えられた人生の1日を無駄にしてしまうことといえそうである。

饅頭《まんじゅう》やぼたもちを神仏へ供える――「朱色信仰」と邪気払いの食べ物・小豆が結びついた

一般に球体を〝タマ〟と呼ぶように、古来、日本人は霊魂を丸い様態と考えていたようだ。そのためであろうか、神仏への供物《くもつ》には、饅頭や丸餅の類が現代でも欠かせないものとなっている。

●諸葛孔明がやめさせた野蛮な風習

中国の高丞が撰した明代の類書『事物紀原《じぶつきげん》』（全10巻）には、天文・暦数から草木鳥獣に至るまで、実に1764にもおよぶ事物の起源を古籍から引用して紹介しているが、この中に「饅頭」の始まりとされる故事がある。以下、その物語のあらすじを紹介しよう。

三国時代（220～280年）の蜀漢《しょくかん》の宰相、諸葛孔明《しょかつこうめい》が軍隊を率いて凱旋《がいせん》していたその途中、濾水《ろすい》という川にさしかかった。その日の濾水は氾濫していて、一隊はどうしても渡ることができなかった。孔明が足止めされていた土地は、蛮地とまで呼ばれるほど恐ろしい風習が数々残っているところで、地元の言い伝えでは「49人の首を切って、人頭を川の神にお供えすれば増水が抑えられる」という。

　これを聞いた孔明はこうした助言を拒み、小麦粉をこねて人の頭を模してつくったものを49個ほど揃え、これを川の神に捧げたところ、みごとに氾濫を鎮《しず》めることができた。

　その後、小麦粉をこねてつくった丸いものの中に、羊と豚の肉を入れて蒸し上げたものをいつしか「蛮頭《ばんじゅう》」と呼び、この食べ物には「大地を治める力」があると信じられるようになったという。


　これが中国に由来する饅頭の起源である。今でいう、肉まんといったところだろうか。この「蛮頭」が、いつしか「饅頭」になって、神様に捧げる神聖なものとして日本に伝わった。

　全国の神社や仏閣、あるいは水神を祀り修験者《しゅげんじゃ》たちを癒《い》やす温泉地で〝門前饅頭〟や〝温泉饅頭〟が必ずといっていいほど名物になっているのは、神仏への供物として古来より存在したからでもあるのだ。

●「朱色信仰」との深い関係とは

こうした饅頭や団子などがお彼岸や四十九日忌明けにひろく供えられ、それを食べるという風習は、古代からの「朱色信仰」と深く結びついて、ぼたもちやおはぎの類へと発展していく。

朱色信仰とは、神社仏閣の伽藍《がらん》が赤く塗られているように、魔除けのために朱色を用いるしきたりである。朱色の顔料は硫化《りゅうか》水銀を主成分とし、天然には辰砂《しんしゃ》として産する。水銀と硫黄《いおう》とを混ぜ、これを加熱昇華させて製する。

銀朱とも称するこの朱色は、もともと古代宗教において血液を表していた。象形文字として知られる「しめすへん」は、神への供儀の際、その台座からしたたり落ちるいけにえの血液をかたどっている（右図参照）。

こうした命を懸《か》けた神への捧げもののシンボルが、血を起源とする朱色であり、その鮮血に染まった色こそ、われわれの嘘偽りのない、清き明るき心と信じられた。古代の人々は、それゆえに神々の霊力を導き出すことができると固く信じていたのである。

こうした信仰はやがて供え物にも影響を与え、江戸時代ごろになると、仏事や彼岸の供物としてひろまっていく。

なかでも赤い小豆《あずき》は、災いを除ける霊力がある邪気払いの食べ物として古来より珍重され、いつの間にか祖先の霊への供養と結びついたようで、その小豆の餡《あん》をまとった餅を、春は牡丹《ぼたん》の花にちなんで「ぼたもち」、秋は萩《はぎ》の花から「おはぎ」と呼ぶ。

最近は一年中おはぎで通すお店が圧倒的に多くなったが、昔は春秋だけでなく、夏には「夜船《よふね》」、冬には「北窓《きたまど》」という粋な呼び名もあった。ぼたもちは餅つきとは違って「ペッタン、ペッタン」と音を出さない。そこで隣家に住む人には、いつ米をついたのかわからないので「つき知らず」といわれ、そこから夜は暗くて船がいつ着いたのかわからない、着き知らずの「夜船」になった。

同じように「つき知らず」が「月知らず」となり、月を知らない、つまり月が見えないのは北側の窓というわけだ。

●日蓮上人を救った「首つなぎぼたもち」

ぼたもちやおはぎの霊力の一端を示す、こんな話もある。

日蓮《にちれん》宗の宗祖・日蓮上人の「首つなぎぼたもち」をご存じだろうか？　小豆ならぬ

〝胡麻《ごま》のぼたもち〟の話であるが、神奈川県の鎌倉市大町にある慧雲山常栄寺《えうんざんじょうえいじ》は、その「首つなぎ」の故事で知られるために、通称〝ぼたもち寺〟と呼ばれる。

かつて、鎌倉幕府に捕われた日蓮が、鎌倉の町を引き回され、龍ノ口《たつのくち》の刑場（藤沢市・龍口寺）へ送られる途中、ここに住む老婆がぼたもちを差し上げた。その後、日蓮は不思議な光が現れる奇跡によって、処刑を免れたという。

以来、この法難のあった9月12日には、老婆がつくったものと同じ胡麻をまぶしたぼたもちが振る舞われる。これが厄除けの「首つなぎぼたもち」といわれ、今も寺は大勢の参詣人でにぎわう。

人頭の生《い》け贄《にえ》を起源にもつ饅頭が、やがてぼたもちとなって、かの日蓮上人の首をつないだという顛末《てんまつ》に、何か共通した不思議な霊力を感じることができる。

夜に口笛を吹いてはならない——神聖だからこそタブー視されてきた行為

●口笛を吹くと、人さらいが来る?!

むかしから、夜に口笛を吹くことはタブーとされている。地方によっては、夜に口笛を吹くと蛇が出るともいうが、いずれも不吉だとして戒めてきた。夜に口笛を吹くなど単純に周囲の者は不快であろうから、もちろんマナーとして当然であるが、しかし、その意味まで迷信と片付けてよいのだろうか？

ひとまず、ざっと迷信諸説を挙げてみると、①闇夜を闊歩《かっぽ》する悪霊、鬼、妖怪を呼び寄せてしまうから、②そのむかしに「人買い」がいた頃、夜に人知れず口笛でやりとりをしていたから、つまり、人さらいが来るから、③泥棒たちは口笛でやりとりをしていたから、④インドの蛇使いのように、蛇を引き寄せるから、⑤ミミズが口を舐《な》めるから、⑥親を吹き殺すから、もしくは親を早死にさせるから、⑦風を呼ぶから、あるいは海が荒れるから、⑧魔が差すからなど、枚挙《まいきょ》に暇がない。

思えば、お化け屋敷や怪談話の効果音でも、のこぎり音でおなじみの〝ヒヨヨ〜ン〟という演出は欠かせないが、これも暗闇を吹き抜ける風か、口笛のようにも聞こえる不気味な音である。

古く、われわれは口笛を「嘯《うそぶ》き」と表現していた。「うそ」とは口を狭めて出す音声そのものの意味である。鷽《うそ》という鳥の鳴き声に似ているために、虚偽の嘘と同義だとする説もあるが、ひろく「うそ」という音は、神や精霊を招く力があると信じられてきたことは確かなようだ。

ようするに口笛は下品ということではなく、その逆に神聖な行為だからこそ、軽々しく行なうことを慎む禁忌《きんき》とされてきたということである。

たとえば中世まで、クシャミをすると魂が抜け出て死んでしまうと信じられていたように、霊魂は風や気体のような存在とイメージされていた。そのため、クシャミをする際は「休息命《くっさめ》」と、いち早く言葉に出して死を免れようとしたほどだ。

類例として「山の神」「田の神」を「ヤマノサ」「タノサ」という場合、「神」を「サ」と発音したことも、サッと吹く一陣の風をイメージできるし、あるいは仏教の死後に三十三回忌を過ぎると「虚空蔵《アーカーシヤ》（「大気」の意味）」になると信じている教えも、すべて精霊は風となってうごめいている様子を表している。あながち『千の風になって』という歌も、間違いではないのかもしれない。

柳田国男著『遠野物語』（岩波文庫）第9話には、夜中に笛を吹きながら峠《とうげ》を越えていた男の恐怖体験がつづられている。馬追いなどをするその男は、笛を吹くことが得意で、よく夜通し歩きながら笛を吹いていたというが、あるとき、その男に向かって正体不明の何者かが、谷底から不気味な高い声で呼びかけてきたという。

峠とはつまり国境であり、ムラとムラのあいだ、現世と来世の境界線である。また夜は昨日という時間が死に、明日という時間が生まれる、いわば生死の境界線でもあり、あらゆる意味でマージナルな時空間である。当然、精霊たちと出合う場所にもなるだろう。そんなときに「笛を吹くこと」は、そのまま「神霊的存在を呼ぶこと」と考えるのは自然なことだったのである。

全国に「笛吹」と名乗る地名が方々にあるが、それらはおよそ神仏に関係する場所が多いという背景も頷ける。

●「魂抜き」の作法と口笛

さらにもうひとつ、筆者自身の類推が許されるならば、「発遣《はっけん》供養」の影響もあるのではないだろうか。

発遣とは、地上に招いた如来や菩薩などの仏尊を、また元の浄土へ送り返す作法のことである。新たに墓石や仏像を開眼し、入魂する儀式があれば、その逆の〝魂抜き〟も必要なのだ。その際に、花を投げたり、指を鳴らしたりする。

そこから転じて、葬儀の際には導師が、土葬では鍬《くわ》入れを行ない、火葬では松明《たいまつ》を棺桶に投げて、死者に対し俗世間との縁を絶ち、浄土への往生や悟りの境地に至るよう引導を渡すことになっている。現在でも葬送で、鍬や松明の模型を用いるのはそのような意味がある。

発遣の作法は宗派や口伝によって異なるが、筆者が僧籍をおく曹洞宗の場合、およその作法はこうである。

まず「オンバザラボキシャボク」という陀羅尼《だらに》を数回唱え、霊に向かって右手で弾《だん》指《じ》（パチンと指をはじく行為）を施し、左手で金剛拳《こんごう》（親指を中指等で包むように握り、人さし指の先を親指の第一関節につける形）の印を結び、左側の腰のあたりに当てる仕草をとる。そうして右手で拳をつくって左胸あたりをポンポンと叩き、その後右手を地面から天高く突き上げるように振り上げ、そのときに「ヒューッ！」と口から呼気を吐き出すのである。

筆者はある師匠から「力強く口笛を吹くように吐き出しなさい」と教えられた。このあたりは師資相承《ししそうしょう》ということになっていて、教外別伝《きょうげべつでん》、不立文字《ふりゅうもんじ》の口伝が主流であるため、文献上はどれもあまり正確でない。多くは「フーン」という表記で済ませているようであるが、いずれにしても口を尖らせて「ヒューッ！」と吹くのである。

あるいはこのような「魂抜き」の儀式の光景が、畏怖や恐怖の念と結びつき、夜の口笛を禁じたことにつながっているのかもしれないと筆者は考えている。

夜に爪を切ってはならない——なぜ「親の死に目にあえない」といわれるのか

●罪のつぐないで爪を切られたスサノオ

古来、夜に爪を切ることは縁起が悪いとして慎んできた。「おいおい、親の死に目にあえないよ」などと注意された方も、少なくないのではないか。

あるいは昨今、仕事から帰宅して、風呂上がりのひとときにしか爪を切る時間もないからと、気にしない現代人も多いことだろう。かくいう筆者も実際、夜の爪切りは深爪を心配した親心から来ているのさ、と自分を正当化し〝いましめ〟を無視してしまった経験もある。

それでは、歴史的には「夜に爪を切ってはならない」というタブーには、どのような理由づけがなされてきたのだろうか？

一説には、戦国時代の「世詰め」から来ているという話がある。夜間に城を警護する重要な役目だった世詰めは、戦乱の世にあっては、たとえ親が亡くなってもその持ち場を離れることはできなかったという。

そんな事情からであろうか、「世詰め」と「夜爪」の語呂合わせから、親の死に目にあえないといわれるようになったと伝えられる。

あるいは江戸時代のこと。仏教と並んでもっとも影響力があった儒教では、爪といえども親からの大事な授かりものだから、ろくろく照明器具もない暗闇で粗末に爪を扱うことは、親不孝な行為になると戒めていた。こんな道徳観が、現代にまで続いているとも考えられる。

いずれにしても、かなり古い時代からの戒めには違いない。その最たる例が『日本書紀』にあり、人にとって、爪がどれほど神聖であるかがうかがわれる記述が見える。『日本書紀』神代上巻の一書（第3）にある相当箇所を紹介しよう。

即科素戔鳴尊千座置戸之解除
（スサノオにたくさんの解除《はらえ》の品物を負わせた）
以手爪爲吉爪棄物　以足爪爲凶爪棄物
（手の爪をもって吉爪棄物《よしきらいもの》とし、足の爪をもって凶爪棄物《あしきらいもの》とした。手足の爪を抜いて贖《あがな》わせた）
乃使天兒屋命掌其解除之太諄辭而宣之焉

（天兒屋命《あめのこやねのみこと》をして、その祓《はら》えの祝詞《のりと》をはっきり表明した）

世人愼收己爪者此其縁也

（世の人が、己の爪を大切に収めるのはその由縁《ゆえん》があるからだ）

実際に「夜に爪を切ると親の死に目にあえない」とは書いていないが、後述に〈追放されたものは家の中に入れてもらえない〉〈罪を犯したものに罪の祓えを科すのは太古から遺法とされる〉〈神やらいにあって私は永の別れをしなければいけない〉とある。

ムラからの追放刑となれば、当然のことながら、親の死に目にもあえなくなる。ひろく追放されたものと同じことをしてはならないというタブーは、至極もっともなことと受け止められていたのだろう。

また、『日本書紀』に、神祭りの最中に琴が途切れたので火を挙げて見ると、奏者が突然死していたという話（「仲哀《ちゆうあい》天皇の段」）が出てくるが、「火を挙げて見る」ということから、当時の神判（神意を受けた決めごと）は真っ暗闇の中で行なわれており、「爪切りの贖い」もおそらく夜の神事だと考えられる。

●「爪には霊魂が宿る」という信仰

古代宗教という観点からすると、爪に限らず、尖ったものや、ものの尖端部分に霊魂が宿るとする考え方は世界共通といっていい。エジプトのピラミッド、インカやアステカの神殿、南太平洋の巨石信仰、アーサー王の剣伝説、日本の古墳やそこから発掘される石の刀、武士の魂とする日本刀、山頂を祀る山岳信仰など、例はいくらでもある。

おそらく、神社に祀られる男根のご神体と同様、ものの尖端にはもっとも生命力が凝縮されており、命のシンボルと見なしてきた歴史がある。「霊柩車を見たら親指を隠す」という習わしもこれに関係しているが、なかでも爪と髪は、生きている限り生涯伸び続ける部分であるため、ことさらに霊的な力が内在すると考えたのである。

地方によっては、葬儀の際に、棺桶の中へ夜に切った爪を入れるという風習が残っているのは興味深い。

また、人を呪い殺す儀式には、爪を燃やすという行為が欠かせないという。爪を焼くことによって相手の霊魂を抹殺《まっさつ》するというのである。これは、爪を燃やした異臭が、かつての火葬場や案山子《かかし》の魔除けをも連想させるからではないだろうか。

獣を焼いた異臭によって鳥獣を追い払ったという「案山子」は、一説には「嗅《か》がし」とも呼ばれ、魔を除ける存在として神格化されるに至っている。したがって、爪を燃やして異臭を放つことは凶事を招くとして、固く戒められていた。

思えば昔の人々の生活にとって、料理、暖房、照明などいっさいのエネルギー源は、囲炉裏《いろり》を中心としたゾーニングであった。ひょっとしたら、夜に爪を切っているうちに、うっかり囲炉裏の残り火で爪を燃やし、人体を焼き焦がすような異臭を漂わせてひんしゅくを買うことがあったに違いないと筆者は想像している。

寝言に返事をしてはならない――「就寝中は、魂が抜ける」から戻れなくなる？

●寝ている間に、魂はどこへ行くか

私事で恐縮であるが、筆者の実姉には〝寝言グセ〟がある。小さい頃から時折、意味不明な弁論を聞かされたものだった。その多くが弟の私への叱責《しっせき》であったため、こちらもよく言い返したのだったが、ある日、昨晩あったその寝言に返答したことを親に話すと、

「帰ってこられなくなったらどうするの！」

と、こっぴどく叱られた。

このように昔の日本人は、寝ているあいだ、その人の魂は肉体から抜け出していると考えていたようである。それがために「魂が肉体に戻れない」「死んでしまう」「不吉なことが起こる」「肉親が死ぬ」などといって凶事とされてきた。

では、遊離した魂が、どのような状況にあると信じていたかというと、①神様と出会っている、②あの世（黄泉《よみ》の国）へ行っている、③他の霊と出会っている、④寝所の周辺をさまよっている、⑤現実世界とは別に実在する夢の世界へ行っている、⑥枕へ移動しているなど、さまざまだ。
⑥の「魂の枕移動説」だが、なぜ魂が枕へ移動すると考えられてきたかというと、次のような背景がある。
そもそも、枕の語源には「ま＋くら」と「まく＋ら」の2説があるとするのが一般的解釈である。前者の解釈は、頭の隙間を支えることから「間座《まくら》」と表記することを語源としている。ここでいう「間《ま》」は、「間がいい」「間を持たせる」などというように、物事と物事のあいだに人為的に設けられた時間的、空間的な空白をいう。(4) 布団との空白を埋め、頭部を支えることから「ま＋くら」となるが、同時にその「ま」は異世界をつなぐ架け橋にもなる。

「座《くら》」とは、モノをのせる台（うてな）のことだから、頭をのせる場でありながら、この世からあの世へのあいだを運ぶ台でもあることになる。

後者の「まく＋ら」という解釈は、神霊を招喚《しょうかん》するために頭をのせる意味で「真《ま》座《くら》」となる。あるいは霊魂が鎮座し、そこへ宿ることから「魂座《たまくら》」と書く場合が散見される。

ちなみに「霊魂遊離説」以外に、寝言に返事をしてはいけない理由として知られるものは、脳の疲労を招くからとか、頭痛になるから、体調不良となるからといった医学説が多い。ただし筆者の調べた限り、残念ながらこの医学説には、睡眠の邪魔になってはいけないという程度の話であって、有力な根拠はないようである。

●夢を信じ、社会的に実現した人々

先の「霊魂遊離説」に見たように、古来、日本人は夢の世界は現《うつつ》の世界とは別の異界であると考え、しかも夢で見たこと、すなわち夢の世界の出来事は、現実の世界で起こる出来事と何らかの関係があると信じていた。夢を神仏からのメッセージと受け止めていたのである。

実際、歴史上の大きな出来事の中には、夢のお告げによって起きたものが意外に多いことに気づく。それが宗教的なものであれ、政治的なものであれ、文学的なものであれ、いずれも夢にちなんで大きく歴史が動いた事例は数多い。

たとえば『古事記』中巻には、苦戦する神武《じんむ》天皇たちを助けるため、神々が高天原《たかまがはら》から太刀《たち》を地上に降ろそうと語り合う夢を、熊野の高倉下《たかくらじ》（シャーマン）が見るくだりがある。そして、倉の棟に穴を開け太刀を落とし入れる、という夢告どおり、翌朝、高倉下は倉の中に太刀を見出すことになるのだ（『日本書紀』巻3「神武天皇即位前紀戊午年6月」にも類話あり）。

このような記紀神話における「夢告《ゆめつげ》」をはじめ、平安貴族たちの「夢合わせ」、陰陽師《おんみょうじ》の「夢解き」、武士や戦国武将、出家者たちの「夢信仰」など、かつて重要な人生の選択においては、夢がそれを決定する立派な根拠となっていたといえる。否、むしろ夢のお告げを契機として、夢を社会的に実現してきたのだ。「夢で見たことは本当だった」などというような受身的発想ではなく、夢で見たことをむしろ錦の御旗とし、社会的行動として実現してみせるのである。

これを一説に「夢の社会化」というが[5]、こうした夢による社会的実現化がひろく成り立ってきたのも、〝夢は神仏のご意志なのだ〟という認識が背景にあったからだ。夢自体、神仏が直接言葉で意志を伝え、指示を与えたものだから、夢解きをする必要もそこにはなかったのである。それほどまでに寝ているあいだに見る夢は、絶対的かつ神聖な存在と考えられてきた。

●死にゆく人へのしきたりが日常のタブーになった？

以上、「寝言に返事をしてはならない」理由をいろいろ追ってみたが、僧籍にある身の筆者からひと言、体験談を述べておこう。それは、臨終の際に体験される夢見とうわごとを忌み嫌って、タブーとしてきたのではないかという見方である。これを「臨終夢語りのタブー」と呼ぶことにしよう。

筆者が住職を務める寺では、かつて、150名定員の老人ホームを経営していた。当時は、身寄り頼りのない高齢者も多く入居されていたため、ずいぶん多くのご臨終に立ち会わせていただいた。

そうした最後の看取りという場面で、筆者が頻繁に経験したのは、臨終の際に夢を見る方が非常に多かったという事実である。そのほとんどが、自分の若かりし時代の記憶を語っていらっしゃった。そして共通しているのは、亡くなられる2～3日前に夢見が多いということだ。そんなとき、枕元に集まった筆者や介護職員が、一生懸命に本人へ言葉がけをする。「あとは安心してね」「よく頑張ったね」「ありがとう」などなど……。

たとえ本人が支離滅裂《しりめつれつ》な夢の物語を話したとしても、そのまま本人の言葉を受けとめて、やさしく肯定してあげるのだ。そうすると本人は最期の苦しみのなかで安堵《あんど》してくれる。ここが看取る者にとって、もっとも大切だったと記憶している。

日本も古い時代には、今のように病院や施設のような場所で息を引き取ることは稀《まれ》であったはずである。多くは自宅の、しかも親しい家族に囲まれた畳の上で最期を迎えていただろう。そうした場面を想像すると、意識が朦朧《もうろう》とした寝言のような語りかけに、一生懸命返事をしてあげるのは死にゆく人へのしきたりであったわけである。

そんな臨終への語りかけのイメージが、やがて日常のタブーとなっていったとは考えられないだろうか。

神社に毛髪を奉納する――髪の毛は、なぜかくも特異な存在だったのか

●洋の東西を問わず、毛髪が特別なわけ

ひろく「髪は女の命」といわれるが、そのむかしは男であっても、武士がおのれの

命と引き替えに、髷《まげ》を切って差し出したという。また、故人の髪を大切に後世に残す「遺髪《いはつ》」というしきたりは、日本に限らず世界中に見られる風習でもある。

それほど、人間にとって髪の毛は特別な存在なのだが、そこにはどんな意味があるのだろうか。

筆者の故郷である千葉県市原市南部に、大福山という比較的その周辺では高い山がある。この大福山の山頂には、ヤマトタケルノミコトゆかりの白鳥《しらとり》神社が祀《まつ》られていて、その祠《ほこら》の中をそっと覗《のぞ》き込むと、30センチ程度の人髪が中央に供えられているのが見える。子どもの頃、よくそれを仲間たちと覗いては肝試しのように怖がったものであるが、こうした毛髪奉納は、実際に人毛を用いてつくった人形の供養を含めて全国に散見される。

有名なところでは、京都の六波羅蜜寺《ろくはらみつじ》の鬘掛《かつらかけ》地蔵が左手に毛髪を持って祀られ、現在でもたくさんの毛髪が奉納されているそうである。同様に、京都の菊野大明神では、かつて毛髪を奉納する習慣があったそうだし、東本願寺には髪の毛でつくった毛綱があるという。大分県の椿堂というところでも、毛髪奉納が盛んであると聞いている。

また、宮中儀式の「深曾木《ふかそぎ》」の儀のように、少児の生え揃った髪の末を切り揃える神事も伝わっている。こうした数多くの事例を見ても、古来、髪は何らかの霊力を備えた神聖なものと見なされてきた歴史がうかがえるのである。

奈良時代のこと、県犬養《あがたいぬかいの》姉女《あやめ》が忍坂女王《おさかのじょおう》・石田女王を連れて不破内親王《ふわないしんのう》のもとを訪れ、志計志麻呂《ひかみのしけしまろ》を皇位につけるために、称徳《しょうとく》天皇の髪を盗んで佐保川《さほがわ》の髑髏《どくろ》に入れて呪詛《じゅそ》したという事件があった。

丑三《うしみ》つ刻参りのときに用いられる藁《わら》人形にも相手の髪の毛を入れることがあるが、こうしたことから考えてみても、髪の毛は、その人物の身代わりであると考えられてきた節がある。たしかに、人間が生きている限り伸び続けるのが髪の毛と爪であるため、おそらくは、生命の根源から生えてくるものと感じていたのではないだろうか。そのために神社などには、霊力のこもった毛髪を奉納し、わが身の代わりとなって願いを遂げようと考えたのだろう。

実際、インドのヒンドゥー行者は、髪を生命の根っこと捉えてけっして切ることはなく、切れば解脱《げだつ》の力が萎《な》えてしまうと恐れる。そこで、長く伸びた自分の髪をグルグルとまとめてターバンの中に納めているという。

また、『旧約聖書』のサムソンとデリラの物語は、怪力と能力のあるサムソンが騙《だま》されて力の源である毛髪を切られ、虜囚《りょしゅう》となり殺されてしまう話である。洋の東西を問わず、かくも髪の毛は神聖視されていたのだ。

ある。

●『古事記』に見る櫛《くし》の霊力とは

「櫛を投げると縁が切れる」ということわざを、耳にしたことがあるだろうか。毛髪の神聖化と同じように、実は髪の毛をとかす櫛にも、多くの不思議な風習やタブーがある。

京都に、「縁切り」に御利益《ごりやく》があるとされている安井金毘羅宮《やすいこんぴらぐう》という神社がある。そこでは髪の毛を奉納するという習慣はないが、毛髪に関係する祭祀はたしかに行なわれている。それは「櫛まつり」といって、花街に近いあたりの美容室の方々が、飛鳥《あすか》時代から現代までの髪形を結いあげて祇園界隈《ぎおんかいわい》を練り歩くというものである。

こうした櫛にまつわる神事の起源には、かの『古事記』の逸話を挙げることができるだろう。

イザナギノミコトが死別した妻のイザナミノミコトに再び会いたいと願って黄泉の国を訪ねたところ、そこには醜《みにく》い女と成り果てた妻の姿があった。その見るも無惨《むざん》な様子を目の当《ま》たりにしたイザナギノミコトは、驚きと恐怖でたちまち逃げ出すが、追っ手の鬼女たちが迫ってきたため、思わず櫛を投げつける。すると、投げられた櫛が落ちた場所からタケノコが生えてきて、追っ手の鬼女を足止めした。

おかげで、イザナギノミコトは命からがら難を逃れ、無事に生還したという。
思うに、このあたりから「櫛を投げると縁が切れる」といった信仰が生まれたのであろう。このほかに「落ちている櫛を拾って使うと呪われる」という迷信もあるように、古くから日本人は、髪や、それと関係の深い櫛にはマジカルな力があると信じてきた。神前に供える「玉串《たまぐし》」も、一種の〝くし〟であることを思えば、納得できる話である。

〈参考文献〉
(1)『民俗小事典 死と葬送』新谷尚紀・関沢まゆみ編(吉川弘文館)
(2)『生死の民俗』井之口章次著(岩田書院)
(3)『日本語「語源」辞典』学研辞典編集部編(学習研究社)
(4)『明鏡国語辞典』北原保雄編(大修館書店)
(5)『日本の夢信仰』河東仁著(玉川大学出版部)

2章

身近な「年中行事」に秘められたミステリーとは

◎たとえば「お彼岸」は、怨霊を鎮めるために始まった

獅子舞《ししまい》――恐ろしい獅子頭は、何を意味しているか

獅子舞の獅子に子どもの頭を噛《か》んでもらうと魔除けになり、その後に御利益《ごりやく》もあると、日本ではひろく信じられている。これは、一説には、噛むまねをしてもらうことで、その人のもつ厄災を噛みとってもらえるからという。つまり獅子は、邪気が食べ物というわけだ。あるいは、地方によっては「噛みつく」ことから「(福の)神が憑《つ》く」との言葉遊びで、縁起が良いとされているところもあるようだ。

いずれにしろ、正月や季節のお祭りの際には、幼い子どもの無事な成長を願って獅子舞に頭を噛んでもらっている姿がよく見られるのは、このためである。

獅子舞の起源は、古くは古代王国シュメールといわれるが、一説にはインドとされる。インドの地方の遊牧民や、農耕民の信仰神として崇《あが》められていたライオンを偶像化させたものが獅子舞の始まりと、一般に考えられている。

やがて紀元前の5世紀頃に仏教が誕生すると、獅子信仰は大きな転換期を迎える。当時は、開祖ブッダの像をつくることが戒律から許されなかったために、初期仏教で

はブッダの代わりに丸い形の大法輪《だいほうりん》や足形の仏足石《ぶっそくせき》、あるいは獅子形の彫像をシンボルとして祈るようになったのだ。

獅子は梵《ぼん》語でシンハプルといい、獅子の吠《ほ》え声に動物たちがひれ伏すように、ブッダの言葉にはすべての人々がひざまずくという意味で、ブッダの言葉、つまり仏教の教えを「師子吼《ししく》」（ブッダなので「師子」と書く）と称したのである。

たとえば、シンガポールという国名は、このシンハプルから来た名前であり、かつてシンガポールが仏教国であったことの名残《なごり》でもある。ちなみに仏像制作の始まりは、紀元後のマトゥラー（インド北部の都市）で興った美術やガンダーラ美術の登場を待たなければならなかった。

その後、仏教が諸国へ伝来するようになると、獅子信仰も一緒にチベット、中国、東南アジア一帯へと伝わっていった。沖縄のシーサーも、神社の狛犬《こまいぬ》も、日本画の唐獅子もその発展形とも考えられているが、柳田国男は異論を唱えている。(1)

柳田によれば、獅子舞について論究した先行業績を見る限り、決定的といえるほど根拠が明白でないことと、インドの獅子と明らかに違うのは、獅子頭に鹿同然の角があることを挙げている。つまり『遠野物語』にも述べている日本古来の鹿踊《ししおどり》（長い角のある鹿頭をかぶり、胸に太鼓をつけ、手にバチを持って舞う。東北地方に多く見られる）

こそが、獅子舞の起源だと指摘するのである。

ともあれ、数多くの先行業績を調べた限りでは、日本への獅子舞は、中国経由、朝鮮半島経由、東南アジア・台湾・琉球経由の三つのルートに分かれて伝えられ、それぞれの地域の人々によって独自の舞い方が形成され、年中行事や地域のお祭りに欠かせない郷土芸能として定着したものとひろく考えられている。

獅子舞には大きく2系統があり、獅子の頭につけた胴幕の中にふたり以上の人が入って舞う「伎楽《ぎがく》系」（西日本）と、獅子の頭をかぶり胸に太鼓を付けたひとり立ちの舞で、太鼓を打ちながら踊る「風流系」（東日本）である。

中国では、獅子信仰が伝わる以前から「き頭」という呪物を祀っていた。き頭とは悪霊払いや豊作などをもたらす神の頭で、たいへん醜く不気味な顔をしているという。そのため古代では、死人の頭を使っていたこともあった。実際、ラオスの旧正月に行なわれる獅子舞の獅子頭は、死者の顔に似せてつくられている。

獅子はザンバラ髪のような体毛に大きな目と口、鼻の穴も巨大である。バリ島の獅子舞は「バロン踊り」とされ、獅子のほかに魔女も出てきて、両者は激しい死闘を繰り広げる。

日本の獅子舞も、古来はとても激しかったらしい。東北地方では獅子頭を〝権現《ごんげん》さま〟と呼び、あくまでも信仰の本体であって、祭具や伎楽ではない点が重要である。

秋田県仙北郡北楢岡村（当時）の耳取橋というところでは、村の龍蔵《りゅうぞう》権現獅子頭が神宮寺村八幡社の獅子頭と戦って、相手の耳をちぎって取ったという話が残っているが、全国に〝耳取り〟という地名が存在するのは、獅子舞の命をかけた真剣な戦いの話に由来している。日本人にとっては、神は奪い取る災禍にもなり、功徳を積む利益にもなるのである。

七草粥《ななくさがゆ》──厄災を恐れ、一年の無事を祈る大事な日だった

●神仏や霊と供に食すことの意味

セリ　ナズナ　ゴギョウ　ハコベラ　ホトケノザ　スズナ　スズシロ　これぞ七草
秋の七草はなかなか口ずさむことができない方にも、この春の七草言葉は親しみやすいものだろう。しかし意外にも、歴史的には秋の七草のほうがはるかに古く、この

春の七草言葉は、比較的新しい時代にひろまったようである。

先の七草言葉は『源氏物語』の注釈書として知られる四辻善成《よつつじよしなり》の『河海抄《かかいしょう》』（1362〜67年）が初出とされるが、実際に文献に当たると若草の名は列挙されているものの、順番や内容が異なっており、正確とはいえない。おそらく『源氏物語』の注釈書という大看板によって、後世に帰せられることになったのであろうと筆者は想像している。

それでも、春の七草そのものは『万葉集』にも見られるというから、日本でもかなり古い時代から、中国の「三元《さんげん》」や「人日《じんじつ》」のしきたり、そして『荊楚《けいそ》歳時記』（6世紀、中国・梁《りょう》の宗懍《そうりん》による撰）の七種菜といったさまざまな古い習俗が伝わり、それらの影響を受けながら現在に似たような健康を祈る習わしが始まったと考えられている。ただし『万葉集』で、今の七草と一致するのは「セリ」のみで、これ以外はすべて異なっているという(2)。

「七草粥」は、今日では正月7日の朝に食する粥だが、もともと室町時代以前までは、正月15日の「上元《じょうげん》の日」に神仏へ奉納する重要な神事であった。旧暦では1月15日を上元、7月15日を中元《ちゅうげん》、10月15日を下元《かげん》といい、「三元」のしきたりとして贈り物の日と定めていて、実は七草粥は、これにしたがった習俗として始まったようである。

三元そのものは中国の道教の慣習に由来している。道教の教えにより、日頃自分が犯したさまざまな罪を滅すために、神仏へ捧げ物をしたり、近隣の人々へ贈り物を差し出したりして、罪科の許しをいただく懺悔《ざんげ》の日だった。中国では、火を焚《た》き上げて祭りを行なうこともあったという。

今では中元だけが贈答のしきたりとして残っているが、近世までの武家社会では、下元にも贈り物をして盛んに罪ほろぼしを行ない、これがお歳暮の習慣へとつながったという説もある。七草粥には、こうした日本人の贈答文化と同じ流れを汲む〝懺悔のしきたり〟が隠されているといえる。

江戸時代の習俗を伝える貴重な史料である斎藤月岑《げっしん》の『東都歳時記』（1838年）には「上元御祝儀、貴賤今朝小豆粥を食す」とあり、実際には栗・小豆・大豆など7種の穀物を炊いた粥を神仏とともに食したようである。中元の頃に行なう盂蘭盆会《うらぼんえ》や施餓鬼《せがき》供養でも同じ趣旨として、罪科を滅すために、生きている両親に鯖《さば》や鰤《ぶり》を贈ったり（これをイキミタマという）、死者とともに供え物を食べたりする習慣があったが、小豆粥や贈答のしきたりの本質は、神仏や死霊、生き霊と一緒に同じ縁起物を食することにあるといえるのだ。

一条兼良《いちじょうかねら》の有職故実《ゆうそくこじつ》書『公事根源《くじこんげん》』（1422年頃）には、正月に粥《かゆ》を食すしきたりについて、宮中の儀式「御粥を献ず」としてその起源にまつわるふたつの伝説を紹介している。

それによれば、一説にその昔、蚩尤《しゆう》（兵器の発明者にして霧をあやつる力を持つ古代中国の神話に登場する神）という悪者がいて、黄帝《こうてい》（中国を統治した最初の帝とされる）はこれを正月15日に討伐した。するとその首は天狗《てんぐ》に、身は邪霊となり、世の中を乱すことになった。そこで小豆の粥を煮て天狗を祭り、邪気を払うために東に向かってひざまずき、小豆粥を食べて邪霊を鎮めたという。

もう一説には次のようにある。

古代の中国に、高辛氏《こうしんし》という帝王がいた。彼には娘がいたが、その娘が亡くなり、やがて恐ろしい悪霊となって人々に熱病を流行らせたという。そこで人々が、娘が生前に好んでいた粥をつくって祀ったところ、不思議なことに、たちまち流行病が消えたという。

この『公事根源』とほぼ同じ内容のことが、朝廷の年中行事を著した『年中行事秘抄』（12～13世紀）にも記載されているが、おそらくこのような伝説が信仰となり、小豆粥から七草粥へと展開したものであろう。

●正月7日に七草を食べるようになったわけ

さらに正月7日に七草の祝いをすることになったのは、中国の「人日」の習俗にしたがったものともいわれる。

時代は紀元前2世紀なかば、前漢の武帝に仕えた学者に東方朔《とうほうさく》という者がいた。彼の著した占書《せんじょ》には、正月1日を鶏・2日を狗（犬）・3日を猪（豚）・4日を羊・5日を牛・6日を馬の日として、それぞれの日にはその動物を殺さないと定めて、獣畜の占いを立てていたという記述がある。これにしたがえば、7日を人の日（人日）として人間を殺してはならない日とし、犯罪者も刑罰を科されることはなかったという。

唐の時代になると7種類の野菜の汁物をつくり、それを食べて無病息災を祈るまじないが広まったが、これを「七種菜羹《しちしゅさいこう》（羹はあつもの、つまり吸い物を指す）」という。

こうしたしきたりが日本にも伝わり、古くから正月7日は、一年の吉凶を左右する大切な日となった。とりわけ7日の朝を控えて、直前の6日の夜は特別な準備に追われるようになっていく。

たとえば神棚の前でその年の恵方を向き、まじないの言葉を唱えながら若菜を叩いて粥を仕込むという風習はそのひとつである。地方によってそのまじないの言葉は異なるが、埼玉県などではこう唱えるそうだ。

七草ナズナ　唐土の鳥が日本の国に　渡らぬ先に七草叩く
すとんとん　すとんとん

ここにいう「唐土の鳥」とは、先述の『荊楚歳時記』にある「正月夜多く鬼鳥渡る」という一節の「鬼鳥」を指している。この鬼鳥の羽毛が人家に落ちれば、不吉なものが運ばれると信じていたようである。まさに現代でも、多種のインフルエンザが鳥によって発生し、海を越えて運ばれてくることが判明しているが、当時は経験則からわかっていたということだろうか。

お粥ではなく、全国には雑炊を食べる地方も数多い。

大分県の臼杵《うすき》市では「ナヌカショウガツ」といって、ゴボウや里イモなど正月の雑煮の残り物を一緒に炊き上げ、「七草雑炊」をつくる。岡山県でも餅や豆、ナズナを入れた雑炊をつくるという。もともと「雑煮」というほどであるから、神仏に差し上げた具を雑多煮にして、神仏とともに食するこの食べ物こそ、正統派の「お雑煮」であり、正月らしい習俗といえるだろう。

いずれにしても正月の7日や15日は、中国の伝説や故事を機縁として始まった〝食べるしきたりの日〟であり、一年を無事健康に生き延びるため、必死に祈った大切な祈禱《きとう》日だったのである。

節分《せつぶん》――炒った豆と焼いた鰯が魔除けに効くとされたわけ

春は大地の芽吹きとともに、人々をどこかワクワクさせる季節である。しかし同時に、どこか不安げで憂鬱《ゆううつ》な死の香りを漂わせる時季でもある。梶井基次郎《かじいもとじろう》は、それを「桜の樹の下には屍体《したい》が埋まっている」と表現し、春は生と死が入り交じった複雑な世界であることを巧みに表現した。

「春」の語源には、植物の根が大地に張《は》るようになるから、暖かくなって天気が晴《は》れるようになるから、あるいは田畑を墾《は》るようになるからなど諸説ある(3)。が、いずれにしても、死後に祖先の霊魂が静かに分割して殖《ふ》える、いわゆる「冬（殖ゆ）」と呼ばれるその季節を終え、霊魂がこの世に生まれ変わるのが春であり、この分け目の行事こそが「節分」である。

かつては立春、立夏、立秋、立冬の前日をそれぞれ節分と呼んでいた。しかし、いつの頃からか、多くの日本人が営んできた農作業に季節の基準を設けるためでもあっただろうが、たとえば「丑三つ刻《うしみどき》」が、死にゆく今日の夜と、生まれ出づる明日の朝のあいだにある異世界の接点として霊的な時刻を意味するように、死の世界から生命のよみがえりを意識させる立春前の2月3日だけを節分として重んじるようになった。

このように生と死の異世界が入り交じる節分の、まさにその夜に、古来「豆まき」は行なわれた。この豆まきという風習は、一説によると遣唐使によって中国からもたらされた「追儺《ついな》」の儀式が起源とされている。

追儺とは、紀元前三世紀頃の秦《しん》の時代、疾病《しっぺい》や災害を鬼に見立て、桃の木弓や葦《あし》の矢などで、それらを追い払う行事として行なわれていたものである。日本では8世紀初頭、疾病の流行を受けて「鬼やらい」が行なわれ、やがて民間でも行事化するが、現在のような「豆まき」のスタイルは、どうやら室町時代以降にできたようである。

では炒《い》り豆にするのはなぜだろうか？　その疑問のヒントとして、佐渡島《さどがしま》に伝わる民話を紹介しよう。

むかしむかし、人里を襲っては暴れまわる恐ろしい鬼たちに、人々が怯《おび》えながら住んでいた頃のこと。あるとき、鬼たちを退治するために、神がやって来た。神は一計を案じて「一晩の内に金北山に１００段の石段をつくることができれば、鬼の勝ちとしよう」という賭《か》けを持ちかけた。

すると、鬼は「しめしめ、俺たちには容易《たやす》いことだ」とばかりに、その賭けにのって、夜更けまでに99段をあっという間に築き上げた。

それを見ていた神は、このときとばかりに夜明けが来たことを報《しら》せると、つられて鶏たちが一斉に鳴き出したのである。鬼たちは朝になってしまったとすっかり勘違いして、「豆の芽吹く頃にまた来るぞ！」と悔しがりながら退散した。

それ以来、神は村人たちに、くれぐれも豆が決して芽吹かないように「炒《い》り豆」にするように伝えたという。

さらに豆を炒ることとは、鬼の眼球をつぶす「魔目《まめ》を射《い》る」に通じるので、鬼退治の行為そのものを指すようになった。

このほか節分には、柊《ひいらぎ》と鰯《いわし》の頭を門に飾る（柊鰯）など、その地方独特の不思議なまじないが数限りなくある。もっとも一般的な柊鰯は、節分に、魔除けとして柊の小枝と焼いた鰯の頭を門口やしめ縄に挿す風習をいい、平安時代にはすでに行なわれていたと『土佐日記』にある。「焼嗅《やいか》がし」、「やきさし」とも呼ばれ、焼いた鰯の独特の臭いで鬼を誘い（あるいはその逆で鰯の臭いで鬼を寄せ付けず）、鋭い柊の葉の棘《とげ》が鬼の目を刺すと信じられてきた。

ところで、異臭が魔物を追い払うという考え方は、西洋のドラキュラとニンニクの関係にも知られるように、世界中で見られるポピュラーなまじないである。脳科学の見地からは、人間の感覚の中で、嗅覚《きゅうかく》がもっとも本能をつかさどる中枢に近いとされる。その人間共通の特質に深い関係があるのだろう。

それゆえ節分には、鰯の頭以外にもニラ、ニンニク、ネギ、煮干し、トウガラシ、あるいは髪の毛などを焼いて煙と臭いで家中をいぶす、一種の「お祓《はら》い」のような作法も知られてきた。

これらはおそらく、虫除けや殺菌行為の一種なのであろうと想像する。山伏の修行には、印可《いんか》（正式な資格の証明）を受ける最終段階でこれに近い行為が今でも行なわれている。

思えばムラの入り口で魔除けのために立てられる「案山子《かかし》」も、元来「嗅《か》がし」という風習からきたものであった。焼くと異臭を放つ獣肉などを串で貫き、田畑や結界の境界に刺して鳥獣や魔物を退散させた「焼串《やいぐし》」「焼鈎《やいづり》」が「案山子」の起源とされるが、節分の「柊鰯」にも、それとほぼ同じ意味があるのだろう。

針供養《はりくよう》──「もったいない」という言葉に秘められた古人の恐れとは

皆さんは「針供養」をご存じだろうか？　針供養とはその名のとおり、針をいたわり供養する日本の伝統行事で、2月8日（もしくは12月8日）に行なわれるしきたりである。その日は、古い糸や錆《さ》びた針、折れた針を豆腐やこんにゃくなどやわらかいものに刺して祭壇に奉納するとともに、裁縫の上達を祈るのだ。

ちなみに、「供養」とはインドのサンスクリット語「プージャナー」から来た仏教語で、「感謝する」「尊敬する」「崇拝する」という意味である。

日本には民間行事として、亡くなった人間以外を弔《とむら》う、いろいろな供養日がある。長いあいだ親しんで古くなった人形を奉納する「人形供養」、農耕のために殺生した虫の命をなぐさめる「虫供養」、その他に「魚供養」「包丁供養」「時計供養」「はさみ供養」「うなぎ供養」「筆供養」「めがね供養」など、実にさまざまだ。

日本人は、こうして人や生物はもちろんのこと、あたかも生活の道具にまで命が宿っているかのように、衣食住のすべてを大切に扱ってきた歴史がある。この無機質な物体にまで、まるで霊魂が宿るかのように捉える考え方を「アニミズム」という。森《しん》羅万象《らばんしょう》を八百万《やおよろず》の神（精霊）と考えるのだ。

豊かな自然に恵まれた日本人は、雨や風にも意思があるかのように自然と語り合い、対話をして生きてきた。樹木、山、海、川、石ころに至るまで、このアニミズムのまなざしでモノを捉えてきたというわけだ。

そもそも、かつてモノとは「生命体」という意味で用いられていた。人のことを「人物」と呼ぶのは、その名残《なごり》である。「物」という語はとても面白い言葉で、起源はインドのサンスクリット語「プラーナ」（パーリ語のパーナ）にまで遡《さかのぼ》る仏教語である。「プラーナ」とは、直接的には「呼吸」「息」の意味で、派生して「霊魂」「生命」となった。息をする源の存在が、「生命体の根源」というわけだ。「息をする」から「生きる」という言葉が生まれたこともうなずける。

この「物」という語に、やがて本質の意味をなす「体（旧字は體）」が続いて「物体」という言葉ができた。今でも、本当の姿のことを「正体」とか「実体」というように、「体」とは〝からだ〟ではなく〝本性〟のほうが元来の意味に近い。「物体」の略語が「勿体」なのだが、そう言うと、「勿体無《もったいな》い」という言葉を連想される向きもあろう。ある存在物から霊魂が失われる状態、あるいは何かに宿った精霊が離れていく様子を指して、古人は「勿体無い」と戒めたのである。だからこそ全国には、古くなった下駄や筆、あるいは鍋や釜などをぞんざいに捨てたり扱ったりしたことで、呪われ祟《たた》られる昔話が数多く伝えられているのだ。

現在では「物体」といえば、単なる無機質な物質のように考えがちだが、かつてはすべての物質を人格化し、大切な生活道具も大切に使ってきた。いや、使わせていただいたからこそ、それが働かなくなったとき、「ありがとう」のひと言を添えて供養する――その代表的な行事が針供養といえるだろう。

事八日《ことようか》――〝祟るべき人間〟を探して妖怪がさまよう日だった

2月と12月のそれぞれ8日を「事八日」という。その日は妖怪や化け物が街中大手を振ってさまようため、古来、物忌み（心身の穢《けが》れを除くこと）の日として恐れられてきた。

地方によっては愛知県三河や長野県飯田、静岡県の一部などのように「コトの神送り」として、6月も含めて年3回行なう場所もある。ただ、2月8日を「事始め」、

12月を「事納め」とする地域が多く、それぞれ農作業の開始日、農作業の終了日を意味する。

一説には「冬」という季節名の語源に見るように、冬季は「御霊の殖ゆ《みたまのふゆ》」、つまり秋の収穫を終えた大地の奥深くで、魂が静かに分かれて増殖する季節でもある。したがって、生命が芽吹くためにも、春を待って農作業をタブーとしてきた伝統がある。

こうした農作業を慎むべき節目や季節の変わり目といった、いわば大地の気のバランスが曖昧《あいまい》で不安定な時季こそ、魔物が跋扈《ばっこ》する〝危険な季節〟なのである。

関東各地では、この日の夜に「ヒトツメ小僧」とか「ダイマナグ」と呼ばれる、一つ目の妖怪がさまようと信じられてきた。「マナグ」とは眼《まなこ》の意味で、福島県の浜通りでも「マナグセンリョウ」という千の目を持つ化け物が来ると伝えている。

それがために家々では、目の多い道具である目籠《めかご》・笊《ざる》・篩《ふるい》などを玄関に高く吊《つる》し、魔除けとするのである。また屋敷の中では、囲炉裏に強い臭気の出るグミの木などを焚《た》き、魔物をいぶし出すという。

興味深いのは、跋扈する彼ら妖怪や化け物たちが、ハンコを押したり、帳面に記録をつけたりして〝祟るべき人間〟を確認して回るという、几帳面なキャラクターを持つことだ。

多くの地方では、ヒトツメ小僧が家々を訪れ、履物に判を押すと伝え、押された人間は必ずその年に悪病にかかってしまうと信じられてきた。したがって、この日は履物を屋外に出してはならない掟《おきて》となっている。

神奈川県の川崎市では「メカリ婆さん」「ミカワリ婆さん」などという妖怪が家々をこまめに来訪するとも伝え、新潟県や長野県では「コトの神」が来訪するので、巨大な藁《わら》人形をつくって村境まで送り出すというまじないも行なっている(4)。

あるいは東京や神奈川のある地方では、12月の事納めにヒトツメ小僧が現れて、翌年に災いや不幸をもたらす家を帳面へ事細やかに記し、それを村の道祖神《どうそじん》に、2月の事始めの日まで預けていくという。

村人を守護する心優しい道祖神は人間を気の毒に思い、預かった帳面を燃やし、2月8日に取りに戻ったヒトツメ小僧に、「その家は火事になって帳面も燃えてしまった」と伝える。そのおかげで、村のどの家も一年間は厄災からのがれることができたが、その代わり、毎年道祖神の前で火祭り供養を行なわなければならないという。

このように事八日は、魔物から命を守るため、物忌みをする特別な日と信じられてきたのである。

初午《はつうま》――身近な「お稲荷さん」にまつわる恐ろしい話とは

2月の最初の午の日は「初午」とされ、お稲荷さんの祭りを行なうしきたりである。京都の伏見稲荷大社では、そのむかし、ある長者が餅を的に弓を射たところ、たちまち餅が白鳥となって羽ばたき、とある山の峰に舞い降りた。すると、そこに稲が生えてきたので神様を祀ったという話を伝えている。

すなわち稲荷は「稲成《いねなり》」の意味で、農業の神として祀られてきたが、一方で、初午の日に雨が降らないとその年は村で火災が続くとか、2月に午の日が3度あると火事になるといった、火の災いに関する不吉な信仰もある。

そもそも稲荷神の霊験《れいげん》として、火伏《ひぶ》せ（火災除け）はもっともポピュラーなものである。これは、狐火など狐が火を多く使うと考えられていたことに由来している。

たとえば東北地方では、この日に田んぼのタニシを採ってきて屋根越しに投げるしきたりがあるが、これも火伏せのまじないであり、四国地方では、この日に屋根やかまどに水をかけて祈願する習俗が広く伝わっている。いずれも田畑に雨水を乞い、家々の火災を免れるための祈禱《きとう》である。

ところで、その初午の主役〝お稲荷さん〟であるが、仏教では稲荷のことを荼吉尼《だきに》天《てん》と呼ぶ。願い事を数々叶えてくれて、しかも家を守ることから屋敷神として親しく家々に祀られるようになったが、元来は、インドのシヴァ神の妃パールヴァティーの化身のひとつに由来する。

インドのシヴァ神の妻にして、破壊と殺戮《さつりく》の女神カーリーの従者だった「ダーキニー」は、その昔、インドの数ある神々の中でも、生きた人の肝《きも》や肉を食うヒンズー教の魔神として恐れられていた。しかし、ブッダから生者の肉を食うことを堅く禁じられ、それ以来、ダーキニーとその末裔《まつえい》たちは寒林《かんりん》（墓場）に住み、死者の肉だけを食べるようになる。

すると今度は一転して、半年前に人の死を予期することができるとか、ダーキニーに自分の肝を捧《ささ》げる約束をすると願いを叶えてくれるなどといわれるようになり信仰の対象となっていく。

荼吉尼天

『諸宗仏像図彙』内荼吉尼天
（国立国会図書館デジタル化資料より）

加持《かじ》祈禱を旨とする密教には、荼吉尼天に願いを叶えてもらう「荼吉尼天法《てんぽう》」という呪術の教えがある。性の交わりによって解脱《げだつ》を得る修行法を説く、いわゆる「アンウッタラ・ヨーガ・タントラ（無上瑜伽《むじょうゆが》聖典）」と呼ばれる教えの成立には、歴史的に彼らの力が深く関わったことがわかっている。

しかしながら、この教えが日本に伝わると、わが国には無上瑜伽聖典の伝承がなかったために、むしろ狐が主役の稲荷信仰と結びついて、狐の背に乗る女性尊として商売の神として祀られるようになったのである。

ここで、その真言《しんごん》を興味のある方のために紹介しよう。

Oṃ ḍākini gati-gahane svāhā
オーン　ダーキニー　ガティガハネー　スヴァーハー
※真言として唱えるときは「オンダキニギャチギャガネイソワカ」と発音する。
（直訳）オーン。ダーキニーよ。底知れぬ深き叢林《そうりん》（修行の墓場）に住む者たちよ。幸あれ。

この「荼吉尼天法」は、一説に人や狐の頭蓋骨（髑髏《どくろ》）を供えて祈禱するとも伝え、陀羅尼《だらに》（真言）を唱えたあと、最後に左手で口を覆い舌で掌を舐《な》めるのが、その印でもある。

ちなみに、有名な豊川稲荷では〈オン　シラバッタ　ニリウン　ソワカ〉と21回唱えると、願い事が叶うといわれ、また京都の伏見稲荷では〈ダギニ　バザラ　ダトバン　ダキニ　アビラ　ウンケン　オン　キリカク　ソワカ〉と真言を唱える。

いずれにせよ祭りの祈禱には、このような荼吉尼天の真言や印が頻繁に用いられ、天台・真言の両密教から、陰陽道《おんみようどう》、そして伊勢神宮に至るまで、その呪法は幅ひろく伝えられるようになった。

お彼岸《ひがん》――怨霊の祟りから逃れるために始められた

●インドや中国にもない、独自の行事

昔から「暑さ寒さも彼岸まで」といわれるとおり、過ごしやすい季節とされるお彼岸は、3月は春分の日、9月は秋分の日を中日《ちゆうにち》として、それぞれ1週間を春の彼岸、秋の彼岸と呼ぶ。彼岸とは、インドのサンスクリット語「パーラミター」からきた言

葉で、此岸《しがん》（現世）から煩悩《ぼんのう》の川を渡って「彼岸（さとりの世界）に到る」という意味である。

さて、このお彼岸という年中行事、実は仏教誕生の地であるインドにも、仏教興隆の地である中国にもまったく見られない。つまり日本独特の文化である。春は田おこしや種蒔《ま》きの頃、秋は実りの収穫の頃がこのお彼岸に当たるが、農耕文化を中心とする日本では、農作業の節目ごとに生活の安寧《あんねい》を祈り、大自然の恵みにも感謝してきたという歴史がある。

またこの時季には、真西に沈む美しい夕陽に、西方浄土への往生を願う信仰から「日願《ひがん》」と称することもあった。

こうした日本ならではの自然崇拝や仏教思想が絶妙に交じり合って発展し、お彼岸という行事になって受け継がれてきたのだが、その始まりは、ある怨霊を鎮めるためだった。

延暦《えんりやく》25年（806）2月の記録に、「毎年春分と秋分を中心とした前後七日間には『金剛般若波羅蜜多経《こんごうはんにやはらみつたきよう》』を崇道《すどう》天皇のために転読させた」とある。転読とは、長い経文をアコーディオンのようにヒラヒラと早めくりして風を起こし、読経の呪術力を大気に送り込むという、いわば一種の祈禱の作法であり、これが歴史上最初のお彼岸の記録である。

ところで、この崇道天皇という人物をご存じだろうか？　桓武《かんむ》天皇が第50代の天皇、その前の第49代は桓武天皇の父である光仁《こうにん》天皇で、桓武天皇の次の第51代は息子の平《へい》城《じょう》天皇だ。つまり、この崇道天皇という人物は、驚くべきことに歴代天皇には数えられない天皇なのである。

ここで、お彼岸の起源となったこの崇道天皇という人物を知るために、少々歴史的な背景を紹介しよう。

●兄・桓武《かんむ》天皇を恨んで餓死した崇道《すどう》天皇

672年、天智《てんじ》天皇の息子・大友《おおとも》皇子と、弟の大海人《おおあま》皇子（のちの天武《てんむ》天皇）のあいだで皇位を激しく争った「壬申《じんしん》の乱」以来、勝ち組である天武系の天皇制が敷かれてから約1世紀が経っていたが、その流れにストップをかけ、久々に天智系の血筋の天皇が立った。それが桓武天皇である。

桓武天皇は、ライバル天武系の色を消すために長岡《ながおか》京を造営し、延暦《えんりゃく》3年には、まだ造営途中にもかかわらず遷都を強行した。この頃すでに前天皇・光仁天皇の遺言によって、皇太子には桓武天皇の弟・早良《さわら》親王が立っていたが、桓武天皇は自分の息子・安殿《あて》親王（後の平城天皇）にこそ、後を継がせたいという親心を強く抱いていた。

そんな折、新都の造営長官であった藤原種継《たねつぐ》が暗殺されるという大事件が起こる。種継は、桓武天皇がもっとも信頼し、寵愛していた部下だったので、その怒りは並大抵ではなかった。そして、やがてその犯人として藤原氏と対立していた大伴《おおとも》一族の名が挙がり、その背後には弟・早良親王の名前があった。

もちろん、これは「疑い」だけで、実際の証拠は無かったが、息子を天皇に即位させたい桓武天皇にとっては絶好のチャンスだった。早速、早良親王の皇太子位を剝奪《はくだつ》し、寺に幽閉してしまう。早良親王は無実を訴えて、抗議のために断食を決行。だが、疑いは晴れず、早良親王は、ほどなく淡路《あわじ》島へ流されることになった。しかし、幽閉以来ずっと食事を断っていたために、淡路島へ着く前に恨み骨髄に徹《てっ》し餓死してしまうのだった。

政敵を一掃した桓武天皇は、ちゃっかりと息子を皇太子にすえて、わが世の春を謳歌していたが、本当に恐ろしい出来事は、それから3年後に起こる。延暦7年（788）、桓武天皇の夫人・藤原旅子《たびこ》が亡くなったのを皮切りに、すぐあとには妃のひとりが、そして翌年には母が、さらに延暦9年には皇后と妃のふたりが亡くなってしまう。

つまり、わずか3年間に4人の妻と母親の計5人が立て続けに亡くなったわけで、世間の人々は早良親王の祟りに違いないと口にするようになった。しかもその直後に、せっかく皇太子に立てた息子・安殿親王まで原因不明の重い病気になってしまうのである。

●祟りを恐れて造られた都とは

誰という敵もいないまま、ピンチに追い込まれた桓武天皇は「次は自分が呪い殺されるのではないか」と恐怖におののく。結局、淡路島に埋葬した早良親王の墓のまわりに堀を巡らせ、怨霊が外に出ないように祈らせるが、もちろん効果はない。

桓武天皇の怨霊対策

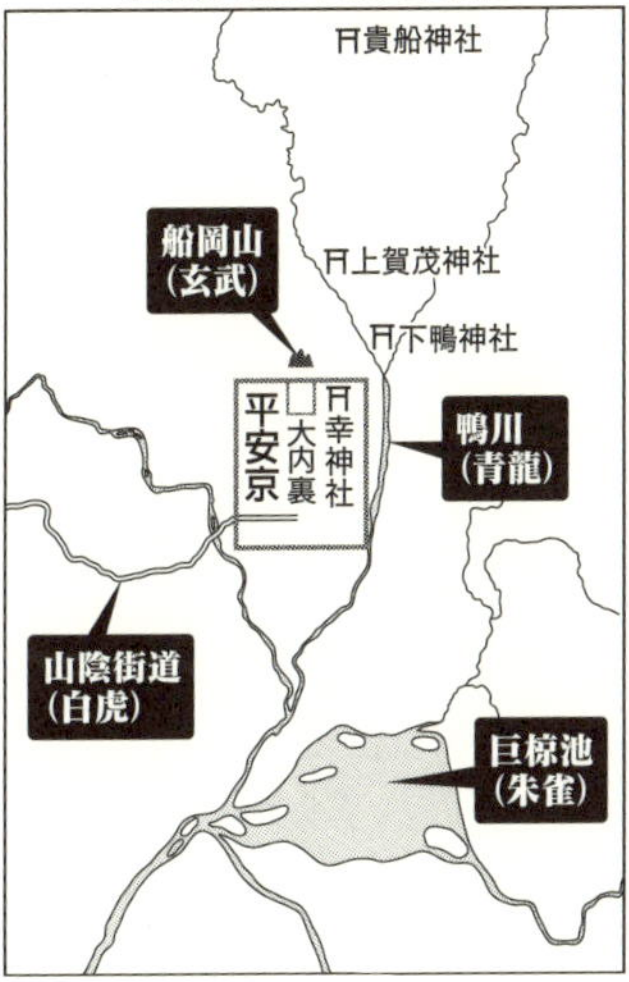

　たたみかけるように飢饉《ききん》と天然痘《てんねんとう》が都を襲い、いよいよ桓武天皇は、まだ完成にも至らない長岡京を途中で断念することとなった。

　そして今度は、風水やら占いやら迷信やら、ありとあらゆるものを駆使して、完璧に怨霊を防げる土地に都を遷すのだが、その都こそ現在の京都、すなわち平安京である。

京都には、東方の「青龍＝川」、西方の「白虎＝大路」、南方の「朱雀＝池」、北方の「玄武＝山」という「四神（四つの聖獣）」に守られた環境がある。さらに、目には目をという意味なのか、怨霊と化した早良親王の祟りに対しては、荒ぶる神のスサノオノミコトを祀った四つの大将軍神社を都の東西南北に配置して、上御霊《かみごりょう》神社と下御《しも》霊神社には早良天皇自身を祀り、鬼門とされる北東には幸神社《さいのかみのやしろ》・上賀茂《かみがも》神社・下鴨《しもがも》神社・貴船《きふね》神社を配置した。

「これでもか」といった感があるが、桓武天皇による怨霊封じは終わらない。早良親王の魂を鎮めようと、早良親王が天皇になったという想定で、死後に「崇道天皇」という追号を贈り、さらには先述のように、7日間昼夜を問わずにお経を転読する行事「お彼岸」を始めたのであった。

このように、お彼岸の起源は早良親王の怨霊を鎮めるための行事であり、おかげで京都という都までつくってしまったといえるのだ。

雛祭《ひなまつ》り――女と水と蛇との深い関係とは

「雛祭り」は、女の子の健やかな成長と幸せを祈ってお祝いする「五節供」のひとつ「上巳《じょうし》の節供」である。五節供とは、江戸時代の公式な式日（祝日）のことだ。ちなみに、残りの四つは、人日《じんじつ》（正月7日）、端午《たんご》の節供（5月5日）、七夕《たなばた》（7月7日）、重陽《ちょうよう》の節供（9月9日）である。ちなみに「雛」とは小さい、愛らしいという意味で、古くは「ひいな」といった。

祭りの起源には諸説があるが、とりわけ平安時代の中頃、紙や藁《わら》でつくった人形《ひとがた》に、災いや凶事を移して川や海に流す風習として行なわれていた「流し雛」が主な由来のひとつである。

人間そっくりの人形をつくり、それを体に当てて擦《こす》ったり、息を吹きかけたりすることによって心身の穢《けが》れを人形に移し、川や海に流す習わしである。したがって、雛人形がいつまでも祓《はら》い清められることなく、長く飾られることを本来は避けなければならなかった。もちろん「整理整頓ができない」→「婚期が遅れる」といった〝恐ろしい〟俗信も一説には知られている。

いずれにしても、こうした〝ヒトガタ流し〟の風習に、当時流行していた「ひいな遊び」と、中国から伝わった「上巳」のしきたりがしだいに融合して、今のような「ひな祭り」になったという考え方が自然であろう。

ちなみに「ひいな遊び」は、『源氏物語』や『枕草子』にも散見されるが、これは宮廷の女性や子どもたちのあいだで行なわれた、いわば「ままごと遊び」である。紙人形と、身のまわりの生活道具をまねた玩具で遊ぶので、季節は春とは限らない。したがって、3月の節供として「ひな祭り」が行なわれるようになったのは、室町時代とも江戸時代ともいわれ、諸説紛々である。

実は雛祭りは、先に述べたように上巳の節供ともいわれ、巳＝蛇とかなり深い因縁がある習俗である。上巳とは、3月に入って最初の巳の日ということだが、おそらくヒトガタ流しが水辺で行なわれることから、水の隠喩《メタファー》が龍であり、龍の化身が蛇であることに起因している。寺社の境内には辰口の手水《ちょうず》があり、家庭でも水の出口を「蛇口」と呼ぶのは、その好例でもある。

古来、上巳の節供には、漁村では「磯遊び」「磯祭り」「浜降り」などといって潮干狩りをかねて海岸へ出かけ、持ち寄ったご馳走を食する神事があった。実は潮干狩りも、この桃の節供である「磯遊び」が起源なのである。

今でも静岡県の伊豆東部、瀬戸内の沿岸部、九州西部などでは「桃の節供」に1日がかりで海辺に出かけ、アワビやサザエなどを採っては雛人形に供える習わしが伝わっている。長崎県の西海市では「潮見《しおみ》」といって、飲食しながら磯遊びを楽しみ、伊ノ浦瀬戸の渦潮の様子で吉凶を占う習わしがある。(5)

ここでひとつ、恐ろしい雛祭りの伝説を紹介しよう。

沖縄県や奄美《あまみ》の各地では、3月3日には「浜下《はまう》り」という習慣が行なわれているが、その日は女の人だけが連れ立って酒肴を持参し、浜辺で歌や踊りの宴を催して、時には潮干狩りや船遊びまで楽しむという。そのとき、けっして男性に見られたり、間違っても家にいたりしてはいけないというものだ。その日に家にいると蛇に襲われ、なんとその蛇の子を産んでしまうという。

その昔、家にいたある女が、アカマタという蛇と交わってしまい、ついには孕《はら》んでしまった。悩んだ女は潮水でミソギをしたところ、果たして蛇の子を産むのを免れたと伝えられる。

一方、農村では野山や河原で飲食を楽しむ「山遊び」が行なわれていた。もちろん雛人形を持参して、多くは河原に飾り、お供えを施し飲食を共にする場合が多い。長崎県の上五島では「山遊び」と「磯遊び」のミックス型「山磯遊び」を行なっていたという。これらは稲作の始まりに先立って、自然の精霊と一緒に過ごしながら潮水や山中の湧き水で身を清め、人形に災いを擦りつけて流す一連の信仰と考えられる。

花見《はなみ》——花に託された人類を貫く「死」のイメージ

日本人にとって花といえば〝桜〟だろう。桜は日本を象徴する花でもある。『万葉集』にこれを愛《め》でる歌が見えることからも、すでに平安時代には、貴族たちによって花見がさかんに行なわれていた。

しかし、ひろく庶民が花見を楽しむようになったのは、八代将軍・徳川吉宗《よしむね》が、飛鳥山や隅田川の土手などに、桜を植樹した江戸時代からのこと。江戸っ子たちはこぞって出かけ、花の下で歌や踊りを楽しみながら持参した弁当を食した。花見団子が始まったのもこの頃である。

地方でも、春に花を摘みながら飲食する習俗は、すでに古代からあった。折口信夫《おりくちしのぶ》によれば、春先に花を愛でて、その咲き具合から作物の豊凶を占ったという。つまり、農耕民族である日本人にとって、花見は、越年の生存に関わる重要な年中儀礼だったのだ。

ところで、桜には同時に「死のイメージ」がつきまとう。梶井基次郎が「桜の樹の下には屍体《したい》が埋まっている」と表現したのは、その好例である。もちろん〈桜＝死〉という考えは、明治以降の戦時期における国家主義的イデオロギーに利用されたという見方もあるだろう。しかし、梶井基次郎が見抜いた〈桜＝死〉というセンスは、あるいは日本の神話にも由来する深い洞察だといっていい。

『古事記』によれば、天孫降臨《てんそんこうりん》で日本の地に降りてきたニニギノミコトが桜の精であるコノハナノサクヤ姫を妻に選んだ「罪」によって、その子孫（天皇、そして日本人）は永遠の命を断念させられることになったという、くだりがある。以下は、そのあらすじである。

アマテラスオオミカミの孫であり、神武《じんむ》天皇の曽祖父とされるニニギノミコト（『日本書紀』ではアマツヒコホノニニギノミコト）は、笠沙《かささ》の岬（鹿児島県笠沙町の野間岬が伝承の地とされる）で出会った美しい娘、コノハナノサクヤ姫（木花開耶姫）にたちまち一目惚れをしてしまう。さっそく姫の父親オオヤマツミノカミ（山をつかさどる神で、イザナギ・イザナミの子）に、「あなたの娘を嫁にもらいたい」と申し出たのであった。

この求婚に大いに喜んだ父オオヤマツミノカミは、自分のふたりの娘を一緒に嫁がせることにした。ひとりは醜《みにく》い姿ながら永遠の命をもつ姉のイワナガ姫（磐長姫）であり、もうひとりは、美しい姿ながら儚《はかな》い命をもつ妹のコノハナノサクヤ姫である。

ところがニニギノミコトは、儚い命ながらも容姿の美しいコノハナノサクヤ姫だけを嫁として受け入れ、あまりにも醜い姿に見えたイワナガ姫を父の元に戻してしまった。イワナガ姫は、見栄えで判断するニニギノミコトの浅はかさを嘆《なげ》きつつ、この上ない屈辱を味わったことから、激しく呪うのであった。

「私（イワナガ）を娶《めと》れば子孫は岩のように長命となり、コノハナノサクヤを娶れば子孫は美しく生まれるでしょう。あなたが私たちふたりを共に妻とすれば、子々孫々長い命を美しく暮らすことができたというのに、あなたは私をあっさりと戻してしまい、コノハナノサクヤだけを妻に迎えてしまった。これから人間は、花のように美しく生まれるでしょうが、花と同じ短い命、やがてその美しさも衰えることになるでしょう……」

こうして人間の寿命は、桜の精を選んだために短くなったとされるが、実はこうした神話は、日本特有のものではけっしてない。イギリスの人類学者フレイザーが「バナナ型神話」と名付けたモチーフの変形ともいえる。

人間の祖先が天の神に向かってこの世の食べ物を乞うたところ、天から「石」と「バナナ」を見せられて、どちらかを選ぶように命じられた。永遠に変質しない「石」を選べば永遠の命が得られるが、人間の祖先は、思わずおいしい「バナナ」を選んでしまった。

それからというもの、人間は「バナナ」と同じように、死すべき存在になったというのが「バナナ型神話」のストーリーである。こうしたモチーフを持つ神話は、東南アジアやニューギニアなどの南方地域に多く分布する。(6)

醜く不変の「石」がイワナガ系であり、性欲・食欲に富む「バナナ」がコノハナノサクヤ系であるが、人類はいずれも後者を選ぶ存在なのだ。

欲望があるからこそ人間である。しかしその欲望があるからこそ、人間は滅ぶ運命の道を選んだと教える数々の神話は、人類全体を貫く厳粛なルールを伝えているかのようだ。

鎮花祭《ちんかさい》――美しい桜の散り際が、かくも恐れられたわけ

古来、仏教では、亡者に向かって祈る作法に「五供養」という習わしがある。薫香、花、水、供物《くもつ》、合掌の五つだが、なかでも花供養には死者の心を鎮め、安らぎを施す神通の働きがあるとされる。それがために、葬儀や墓参の折に花は欠かせないのだ。

なるほど、花を見て怒る人がいないのは世界共通のようで、花によってなぜか心は安堵《あんど》感で満たされていく。たとえばカウンセリングのときにも、テーブルに花一輪があるなしで、臨床結果に大きな違いが出るとも報告されているくらいだ。

ところで、花にまつわる祭りには2系統がある。満開に咲いた花（＝桜）を神前・霊前に献花する祭り「献花祭」と、花の散る時期に活発になる御霊《ごりょう》や疫神を鎮めるための祭り「鎮花祭」である。

日本人は桜が大好きだが、古人はその一方で、桜の散り際を恐れたのだ。しかし、なぜ桜の散る時期に御霊や疫神が活発になると信じられたのだろうか。

その問いに答える前に、そのルーツや現代まで続く祭りの様子を紹介しよう。

鎮花祭はもともと宮中行事であり、古くは『古事記』『日本書紀』にも記されているように奈良県の大神《おおみわ》神社や、狭井《さい》神社で行なわれていたが、今では京都の「やすらい祭り」が有名になっている。(7)

太秦《うずまさ》の牛祭、鞍馬《くらま》の火祭と並んで京都三大奇祭とされている今宮神社のやすらい祭も紫野《むらさきの》周辺に伝わる鎮花祭である。こうしたしきたりは、かの『梁塵秘抄口伝集《りようじんひしようくでんしゆう》』には、すでに久寿《きゆうじゆ》元年（1154）に行なわれていたという。これは無念のうちに非業《ひごう》の死を遂げた怨霊たちを御霊として祀《まつ》り、祟りを鎮めるためだった。

「花や咲きたる、やすらい花や。やあすらあい、ヨオーホイ」

建勲神社では、このように囃《はや》しながら、鬼の扮装をした氏子《うじこ》たちが、鉦《かね》や太鼓を打ち鳴らし、風変わりな踊りを見せながら町を練り歩くのである。笑いを交えて風流をこらし、一風変わった歌舞を奉納するのも、疫病神のご機嫌をとっておとなしくしてもらうためだという。

北区紫野の玄武《げんぶ》神社では、鬼役の氏子は白袴《しろばかま》に緋《ひ》の打ち掛け、頭にはシャグマ（赤く染めた、ヤクの白い尾の毛）をかぶり、鉦や太鼓を激しく打ち鳴らす。行列には大きな花笠が加わり、そのてっぺんに花が挿されていて、あらゆる厄災をこの花笠の下に封じ込めて回る。

「玄武やすらい祭」の鬼役
シャグマをかぶった鬼役の氏子が、鉦や太鼓を手に打ち鳴らす様子が描かれている。
『やすらい花屏風』(部分)(杉本宗男蔵)

地区によってその作法はまちまちだが、多くはわが家の前でできるだけ鬼に乱舞してもらい、邪気をできるだけ封じ込めてもらおうと、お願いして笠の下へ入る仕草をする。祭りの後、鬼たちの履いた草履や花笠の花は、人々が争うように持ち帰り、それぞれ魔除けや病気平癒の呪具とする習わしである。

ちなみに、公家の日記などを集めた歴史書の『百錬抄《ひゃくれんしょう》』（13世紀末に成立した歴史書）によれば、平安末期の頃、京中の子女が鼓笛歌舞して囃して回り、しだいに狼藉《ろうぜき》に及んだために勅命によって禁止されたというエピソードも残っている。[8]

春になり気温も上昇すれば、花びらとともに花粉や埃《ほこり》、細菌なども飛び散るようになるだろう。そうなると古人は怨霊の名のもとに、経験則から厄災病魔が近づいてきたと実感したのかもしれない。

端午《たんご》の節供《せっく》――重要な禊の日で、ショウブと女性が主役だった

●なぜ、粽《ちまき》や柏餅を食べるのか

江戸時代には五節供のひとつとして、幕府の式日（77項参照）に定められ、庶民行事への定着とともに安定した武家社会を支えた端午の節供。鯉のぼりや絵幟《えのぼり》、鎧兜《よろいかぶと》や五月人形などが男児に贈られ、粽《ちまき》や柏餅《かしわもち》を食べて祝うが、この節供には興味深い故事や恐ろしい昔話が伝わっている。

たとえば端午の節供に粽を食べるという風習は、中国の故事に由来する。

むかし、楚《そ》の国に屈原《くつげん》という詩人がいた。政治家としても名高い屈原は、敵国の計略に踊らされようとする君主を諫《いさ》めたが聞き入れられず、楚の将来を悲観して汨羅《べきら》という川で入水自殺した。5月5日のことである。人々は彼を悼《いた》んで、餅を川に投げ入れて弔《とむら》った。

やがて漢の時代になり、屈原の幽霊がたびたび現れるようになると、里人の投げ入

れる餅が、手元に届く前に、その川に棲むという蛟龍《こうりゅう》（四つ足の龍で雉《きじ》と龍の子どもとされる伝説の生き物）によって奪われてしまうので、それからは楝《おうち》（栴檀《せんだん》）の葉で餅を包み、青・赤・黄・白・黒の五色の糸で縛るようになったと伝えている。

これが粽の始まりである。(9) 元来、西日本では粽を食べることが多かったが、江戸時代頃からひろく柏の葉に巻くようになった。柏の葉は枯れても落ちずに新芽を出すことから、絶えることなく家系が続く縁起物とされたのだ。

ちなみに、粽の形には、三角錐《すい》や三角形という形の基本がある。桃の節供では餅は菱形とするが、これはいずれも男女の性器を祖型とするためといわれる。

●もとは女の祭りだった！

男児の節供であるこの習俗は、ショウブの由来とともに女の祭りでもあったことは、あまり知られていない。

ショウブは邪悪な獣を除けるマジカルな植物として知られ、それは日本神話にいう「獣犯せる罪（国津罪《くにつつみ》のひとつ）」、つまり人間と獣の交わりを物語る遠い過去の記憶の名残でもある。異類婚のタブーを伝えるため、諸国の民話には、ショウブは必須の存在として登場するのである。[10]

たとえば東日本には、ショウブにまつわるこんな話がある。略して2題を紹介しよう。まずは、茨城県久慈郡、栃木県黒磯市などに伝わる「蛇婿入り」である。

むかしむかしのこと、ある娘のもとへ毎晩、若い男が訪れた。これが、なかなか様子のいい男だったので、母親に「私のところへいい男が来るのよ」ともらすと、心配した母親は、しっかりと家中を戸締めしてしまった。ところが、それでも男は毎夜訪れるので不思議に思い、母親は「今度は糸のついた針をそっと刺してやりなさい」と娘に教えた。

果たしてそのとおり、針を男に刺してやったが、その糸はずうっと縁の下の穴の中へと入っていた。耳をそばだてて穴の中の様子に聞き入ると、誰かが話している声が聞こえるではないか。

「毎晩、行ってはならねえ、行ってはならねえと止めるのに、言うことを聞かないから、こんな痛い目に遭うんだ」

「たとえ私が死んだって、子どもを残してきたからいいんだ」

「でもな、人間は賢いからヨモギとショウブを煎《せん》じて飲めば、子は落ちてしまうよ」

驚いた母親は、急いで家に戻ると、ヨモギとショウブを煎じて娘に飲ませた。すると、たちまち蛇の子がたくさん下ったという。

もうひとつは、秋田県秋田市、岩手県盛岡市、陸前、群馬県吾妻郡などに伝わる「食わず女房」という話である。

むかしむかしあるところに、度を越したけちん坊の男が住んでいた。そんなことだから、いい年頃になっても、飯を食わない嫁さんが欲しいという始末だった。

そんなある日のこと、美しく飯も食わない女がいるという話があり、仲立ちしてもらって結婚することになった。女房となった女は毎日一生懸命に働いてくれ、たしかに飯を食わない。最初は男も、こりゃいい嫁さんをもらったものだと思っていたが、奇妙なことに、10日もたたないうちに米櫃《こめびつ》がすっかり空になってしまったのである。

不思議なこともあるものだと思いつつ、男は、「今日は山に行ってくる」と告げて、家を出たふりをすると、やがてそっと引き返し、屋根の天井裏に上《のぼ》ってじっと家の様子をうかがっていた。

すると女は、大きな釜に飯を炊き、おにぎりを何十個も握り出した。そして、女は髪の毛をパッと開くと、頭のてっぺんに大きな口をパックリと出したのである。そしておにぎりを頭の口にどんどん放り込んで、全部食ってしまった（地方によっては、生の川魚、ニンニク、サバなどもおにぎりと一緒に放り込む話が多い）。

驚いた男は、こんな女はもう一日も家においておくことはできないと考え、あたかも山の仕事から戻ったように「今、帰ったぞ」と、声をかけた。

「山の神様からお告げがあった。女房と別れろというんだ。だから今すぐ出ていってくれ」

すると女房は、

「では仕方ありません。出ていくけれども、代わりに大きな桶《おけ》をつくってくださいな」

という。そんなことくらいで別れることができるならと、さっそく男は風呂桶ぐらいの大きな桶をこしらえてやった。

「さあ、できあがったぞ、これを持ってさっさと出ていってくれ」

すると女は、しげしげと桶をながめてこういった。

「ちょっとまあ、どのくらい入れるか、一度入ってみてくださいな」

男は、それくらいわけのないことだと思い、桶の中へ入った。すると、とたんに女は男の入った桶をグイと担《かつ》いで、どんどん山奥へと向かって走り出した。男はあまりに恐ろしくて逃げるに逃げられず、ただ大変なことになったと思って、桶の中でブルブルとふるえるばかり。女はいつの間にか恐ろしい顔の山姥《やまうば》になっていた。

男は恐怖のあまり動けずにいたが、ちょうど谷にさしかかったとき、偶然、藤のツルが当たった。

「今しかない！」と、そのツルにつかまってぶら下がり、飛び降りて、ちょうどそこに生えていたショウブとヨモギの茂みに身をかくした。山姥は、何だかおかしいなと感じたが、ヨモギがくさくてたまらず、振り返れなかった。ヨモギは山姥の大の苦手だったし、ショウブは立った刀のように生えているので、怖くて近づけなかったのである。とうとう男が飛び降りたことにも気づかず、空の桶を担いだまま山奥へと行ってしまった。

この日がちょうど端午の節供だったので、それからは魔除けとして、ショウブとヨモギをたばねて軒に挿すようになったという。また、谷渡りの藤のツルは、けっして切ってはいけないと信じられるようにもなったのである。

●ショウブと女との深い関わりとは

ショウブの葉の芳香は邪気払いとして知られ、刀の刃に形が似ているとか、ショウブは「勝負」に通じるなどといって男児にふさわしいとされているが、古代、ショウブはむしろ、女性との関わりを示すものであった。

『枕草子』37節にもあるように、すでに平安時代にはショウブとヨモギを束《たば》ねて屋根に挿す「軒ショウブ」が行なわれていた。これは女性たちが、「お籠《こ》もり」と称して行なった潔斎《けっさい》の名残でもある。

桃の節供の頃は、ちょうど田植えや種まきの直前に当たる。柳田国男も述べたように、私たちの祖先は霊魂となって山の頂上に集まり、神（サ）となっている。そのヤマノサが、春にはサオリ、つまりサが里山に降りて来て、神（精霊）の苗たるサナエを植えるために、サオトメ（早乙女）の出番を待つのである。

女は生命を苗に吹き込む（出産する）力を有しているので、田植えには無力な男の出番は無い。せいぜい歌舞音曲で囃《はや》すのみである。

したがって元の端午の節供は、大切なサオトメとなるため、田植え前に未婚女性が家に籠もって潔斎をしたという古代の信仰にもとづく。

ふだんは酒を飲まない女性も、この日ばかりはショウブ酒を必ず飲むものだとか、晩のショウブ湯には女性から入るものだというしきたりがいまだに残っているのは、そのためである。

河童《かっぱ》祭り——河童とは何者だったのか

●多様に語られる河童の性質

夏を迎える季節、日本各地では、川祭りのひとつとして「河童祭り」が行なわれる。京都では「祇園《ぎおん》さんより前に川泳ぎすると、河童に尻子玉《しりこだま》を抜かれるぞ」というが、「6月15日に川に入ると河童にさらわれる」などという類の言い伝えは、今日でも多くの地方に残っている。

尻子玉とは肛門のそばにあると想像された玉で、古来、河童にそれを抜かれると死ぬと信じられてきた。そんな川にすむ〝わらべ〟という意味の河童は、性質から類別すると4系統、生息地からは3系統となる。

多種にわたって伝えられる河童の性質から見ると、①水神の権化《ごんげ》（神が姿を借りて現れるもの）、②子どもの生まれ変わり、③動物の発展系、④その他に分けられる。また生息地としては川、山、海が知られるが、数の上では圧倒的に川が多い。

しかし多種多様な河童ではあっても共通点が多く、人に憑《つ》いて惑わす、作物を荒らして生活を妨害する、耕作や工作を器用に手伝い人間の生活を助ける、物に変化する、子宝や金銭などをもたらす、相撲をとったりして人と遊ぶ、呪い破滅させる、肝を好み、尻子玉を抜いて人を殺すといった特徴がある。

各地の河童祭りは、旧暦の6月15日に川や池、沼などにキュウリを投げ入れる行事を行ない、それがすむまでは川に入ってはいけないとする習俗が多い。それは一般に、キュウリの味は人間の味に似ていて、河童の大好物だからとされる。しかし、室町時代の御伽草子《おとぎぞうし》『天稚彦草子《あめわかみこのそうし》』（作者不明）にも、鬼が瓜《うり》を地面に打ちつけたために大水が出て天の川になったという記述があるように、瓜は水の象徴であることに起因すると思われる。

種をたくさん持つキュウリ（瓜）は、供物であると同時に水神そのものであり、かつ子孫繁栄を導く男根の象徴として、ご神体の意味がそこにはあるのだ。キュウリを河童に供えてから水に入れば、水の事故に遭《あ》わないですむ(4)という習わしも、こうした水神と瓜にまつわる信仰から来るようである。

●『遠野物語』で語られる河童

柳田国男の『遠野物語』には、河童の話が55話から59話までの計5話が記されている。(11)この中から、58話のあらましを紹介しよう。

ある馬曳《ひ》きが馬を水浴びさせるため、川淵に近づくと、突然河童があらわれて馬を川の中に引きずり込もうとしていた。馬はびっくりして、逆にその河童を引きずったまま、廏《うまや》まで戻ってしまった。そこで河童は、あわてて馬槽《うまふね》の下に隠れたのだが、槽が伏せてあるのを怪しんだ家の者は、ちょっと覗《のぞ》いてみた。すると河童の手が見えるではないか！

とうとう人間に見つかったその河童は、村の連中がどうしたものかと相談していると、「もうこれからは、けっして悪戯《いたずら》をいたしません」と詫《わ》びたので、川へ帰してやったという。

これがひろく日本各地に散見される河童譚の典型で「河童駒引」といわれるものである。柳田は、河童は水神の零落《れいらく》した姿だとして「河童駒引」を紹介しているが、石田英一郎は、水神に捧げる犠牲が馬であったことを指摘している。(12)

さらに『遠野物語』のなかには、河童の子を孕《はら》んだ話（55話）もある。

ある女に婿がいたが、あるときから男が通ってくるようになった。最初は夫が遠出をしている夜だけ来ていたが、だんだん夫と一緒にいる夜でもかまわず来るようになった。やがて「あの女のもとに通っているのは河童かもしれない」という噂が立つようになる。一族のものは、なんとか河童から女を守ろうとして、姑《しゅうとめ》が添い寝をしてみたりしたが、その甲斐なく女は妊娠する。

女の出産は、極めて難産だった。そこで、ある者が「大きな水槽に水を溜め、その中で産めば安産になる」と助言したので従ったところ、まったくもってそのとおりであった。生まれた子の手には水かきがあったそうだ。じつは、女の母も河童の子を産んだことがあったというが、娘の家は村会議員も出したこともある名家なのだという。

●妖怪に着せられた人間の〝罪〟とは

こうした話を読み込んでいくと、河童は身近な存在であったこと、けっして特別な存在ではなく、人間と交わるほどの同類であること、時に祖先を河童と同じくするほど深い血縁があっても不思議ではないことなどが、切実に伝わってくる。河童は人間と他人ではないのだと、民話は私たちに語りかけているのである。

古来、日本ではたびたび不思議な生き物や、人知には解明できない奇怪な化け物が人間世界に出現し、それらを目撃する報告も数多く知られてきた。いずれも河童のように、あるときは人間を襲い、脅《おびや》かし、またあるときは神の使いとなって人間に教えを説き、そして人間に退治されることもある。

先ほど紹介した話などは、あまりに生々しく、そして恐ろしい話にも聞こえるが、真に恐ろしいのは見かけが醜い河童ではなく、むしろ人間の残酷な行動であったり、ただ単純に醜いと見なすだけで、あるいは水かきがあるというだけで化け物扱いしてしまう「人間の浅はかさ」の中に見出されるものであろう。

あるいは時に、河童の存在によって、結果的に水難事故から子どもたちの生命を守ってきたにもかかわらず、人間の〝醜い〟心のスケープゴートとされてきたとするならば、恐ろしさの中にどこか哀れさを感じずにはいられない。

夏越《なごし》の祓《はらえ》——祓のアイテム・茅《ち》の輪にまつわる恐ろしい話とは

水無月《みなづき》のなごしのはらえする人は　千歳《ちとせ》の命延《の》ぶといふなり

（『公事根源』）

6月晦日《みそか》に行なわれる夏越の祓は、「名越《なごし》の祓」「水無月祓《みなづきばらい》」ともいわれる厄災除けである。陰暦6月ともなれば、暦の上では夏の終わりとなる。したがって「夏越」と呼ぶのである。

「夏越の祓」は、もともと宮中行事として国家儀礼であったが、1467年の応仁の乱によって律令体制もすっかり乱れ、その結果、宮中では廃絶し、民間の習俗としてのみ受け継がれている。祓えの作法としては、茅《ち》の輪を潜《くぐ》る「茅の輪潜り」と、人形《ひとがた》で体中を撫《な》でて穢《けが》れを託して水に流すものとがある。ちなみに季節の「夏」という言葉は、この「撫づ」にも由来する。

茅の輪潜りとは、茅や藁《わら》でつくった大きな輪を寺社の境内などに立て、真上から見て八の字を描くように「蘇民将来《そみんしょうらい》」などと唱えながら、通り抜けること3巡するのが作法である。茅の呪力を伝える民話は数多く、たとえば『備後国風土記《びんごのくにふどき》（逸文）』には、次のような恐ろしい話が記される。

むかし、蘇民将来と巨旦将来《こたんしょうらい》というふたりの兄弟がいた。あるとき、北の武塔《むとう》の神が南海の女のところへ求婚するために旅をしていた途中、日が暮れて宿を請うたところ、裕福な弟の巨旦はそれを断ったが、貧しい兄の蘇民は快く歓待した。

夏越の祓で潜る茅の輪

その数年後、この地へ再来した武塔の神は、蘇民将来とその家族に茅の輪を腰につけさせ、疫病から身を護《まも》る作法を教えた。そして、その夜のうちに巨旦将来の一族をみな滅ぼしてしまった――。

ここから「蘇民将来の子孫」という護符を寺社から受けて、家々の門に張る習わしが諸国にひろまったという。同じ茅の輪でも、身につけるものと潜るもののふたつのタイプがあるが、疫病除けという意味では同じである。寺社によっては、小さな茅の輪を授与するところや、岡山県の海吉のように軒先に吊す場合もある[13]。

ところで、この夏越の日には、人々の厄払いだけでなく、牛馬も一緒に海や川で体を洗って邪気を祓うしきたりが多く知られる。長崎県では、ナゴシあるいはイミといって必ず仕事を終日休み、牛馬を海で泳がせたものである。

熊本県の天草諸島では、この夏越の日には安心して自由に海で泳いでよいとされる。なぜなら、人を襲う河童は夏越までは山中にいるもので、海にはいないためだという。しかし、この日を過ぎると、雨の降る夜などに河童が「ヒョン！　ヒョン！」と叫びながら、溝川をつたって海に下りてくるのだと伝える。

こうした伝承からすると、その土地に棲む河童とは、山や海に複数が存在するものではなく、ひとつのキャラクターとして収斂《しゅうれん》されたスケープゴートであることが読み取れる。

柳田国男も『野草雑記』（角川文庫）のなかに、この天草諸島の泳ぐ風習を取り上げ、トビシャゴとカタバミの葉を合わせて石の上で搗《つ》き、その液汁で爪先を染めてから海に入ると河童に襲われないという夏越のまじないを紹介している。

山開《やまびら》き――山神の領域を侵すと何が起こるか

夏山シーズンが到来すると、全国各地から「山開き」のニュースが届くようになる。

今日にいう山開きとは、健康や趣味の楽しみとして山登りの開始を喜ぶ季節の便りであり、登山者のために安全と無事を祈願する〝お祭り〟になっている。

しかし古来、登山という行為は行楽ではなく、あくまでも山の神に礼拝して祈願する神事であった。ゆえに特別な山は原則として、霊山《れいざん》（もしくは「りょうせん」）と称されるように、一定期間以外の平日の登山は認められなかった。山岳修行の道場でもある〝お山〟は、神霊の宿る地であり、信仰の対象そのものであったからである。その神聖な結界の地を護るために、限られた時季のみ禁が解かれ、一般人の入山が許される日をいわゆる山開きとするのである。

したがって、山開きを待たずに霊山に立ち入ることは、絶対にあってはならないタブーとされた。この禁を犯したときは、恐ろしい報いを受けると信じられてきたのである。

たとえば千葉県市原市の石神というところでは、山の神が木の本数を数えるという。かつて、山開き前にある娘が山へ立ち入ってしまったため、そのまま山の神に間違えて数えられ、木になってしまったというが、実際にその娘そっくりの木が今でもあるそうで、筆者も地元のお年寄りに聞いてそれを目にしたことがある。

こうした類の山神信仰は全国にひろく点在する。山口県豊浦郡では、日を選ばずうかつに深山に入ると、「山ミサキ」という人間の生首の姿をした化け物が、落ち葉の上を飛びかうのに出くわすという。

また松浦静山《まつらせいざん》の『甲子夜話《かっしやわ》』は、こう記す。

その昔、神奈川県相州の大山で、人々が止めるのも聞かず禁を犯して入山した男女がいた。間もなく激しい雷雨があり、ふもとの人たちはひどく心配して後日に捜索したところ、登山道の途中の木に男女の着物がぶら下がっているのが見つかり、男も女も姿はどこにもなかったという。これは山霊《さんれい》に姿を隠されたせいだと伝えられる。

ところで、こうした山の神は、昔から女神であることが多い。たしかに男神の山の神が存在することも事実であるが、その場合は狩猟や伐採、あるいは芸能などといった人間の働きや技術的な行為をつかさどる神を指している。水や生命を育み守る森と山は、基本的には女性原理というわけである。

そのためであろうか、男女で入山すると山の神がやきもちを焼くとか、女を嫌がるとか、男好きだといった言い伝えも珍しくない。実際、今でも山のトンネル工事には、もっぱら男が携《たずさ》わるものだとする建設会社もあるくらいだ。山の神が生産をつかさどる神である以上、おそらく女とは「ヲンナ」あるいは「ヲミナ」、すなわち「産むもの」の意味であるから、女神とするのが自然な考え方なのであろう。

ちなみに『広辞苑』で「山の神」を引くと、「山の精」という意味の後に、「自分の妻の呼び名」とする説明が続いている。これもある意味〝恐ろしさ〟を今に伝える一端なのかもしれない。

川開《かわびら》き——もとは、多数の死者の魂を弔《とむら》うためだった

河川の納涼の季節を迎え、水難防止を祈願する年中行事である。地方によっては「川施餓鬼《せがき》」を行なってお祝いするが、中でも享保《きょうほう》18年5月28日（1733年7月9日）に、江戸幕府の八代将軍吉宗が、死者の慰霊のために隅田川で花火を打ち上げた江戸の川開きが名高い。それ以来、江戸では旧暦5月28日の川開きに、花火大会が催されるようになったという。

江戸時代の当時でも屋形船などで納涼を楽しみ、夏の風物詩として人気を博した川開き。浮世絵にも芸者、囃子《はやし》方《がた》を揃えて賑やかな宴《うたげ》を催している様

『江戸両国橋夕涼大花火之図』歌川国虎（平木浮世絵美術館蔵）

子が、克明に描かれているが、こうした華やかさの陰に、実際の当時の人々はどのような日々を送っていたのだろう。

この享保17（1732）年から隅田川の川開きのあった享保18年は、畿内を中心に全国的に大飢饉《ききん》に見舞われ、江戸ではとくにコレラが猛威を振るい、多数の死者を出した〝暗黒時代〟だった。『日本災異誌』や『続史《ぞくし》愚抄《ぐしょう》』によると、享保年間は地震が頻発しており、隅田川の川開き直前にも岩手山が噴火し、溶岩が流出する（『日本火山総覧』による）など全国的に火山が活発化していた。

参考までに、両国の川開きの前年か

らの主な出来事を挙げてみよう。

【1732（享保17）年】

1月3日　江戸で地震。（『萬年記』13）

1月13日　江戸で地震。（『日本災異誌』）

夏から秋にかけて西国・四国・中国の広域でイナゴの被害（蝗害《こうがい》）。公私46藩236万石中収穫は62万8000余石のみ。（『泰平年表』、『続日本王代一覧』6、『続史愚抄』71、『広島市史』2『大阪市史』）

9月26日　長崎で地震。昼夜八十余回震動。（『甲子夜話続』58）

この年、西日本で蝗害が多発し、飢饉となる。（『浮世の有様』）

【1733（享保18）年】

4月16日　京で地震。（『続史愚抄』71）

6月20日　浅間山が大噴火。前掛山残らず割れる。（『震災予防調査会報告』86）

8月11日　広島で大地震。奥郡で被害多数。（『広島市史』2）

夏、西日本で疫病が大流行。（『萬年記』13）

　このように江戸の疫病流行もさることながら、全国的な災害の時期でもあり、なかでも享保17年の夏は、山陽、九州、四国地方を中心に、冷夏と害虫により凶作に見舞われた。

　九州の『柳川藩史《やながわ》』にはこうある。

　西日本一帯は5月中旬から6月にかけて大雨、8月にはウンカ（稲の害虫）の異常発生、秋にかけ蝗虫《こうちゅう》（イナゴ）発生、稲は枯れ空前の不作、翌18年も米・麦不作で、大飢饉、餓死するもの続出する。路上でも餓死した者おびただしい。12月、柳川藩領内だけでも飢民4万5000人に達している。餓死者は123名、死馬3000頭。久留米《くるめ》藩では餓死者1万1198人を出した――。

　『石原家記』という古文書には、久留米の平坦部農村では、食物になる草木も無くなり、毎日1万4000～1万5000人が耳納山の付近の山で「葛《くず》の根・わらびの根・猿かけ・いどろの根まで採り、樫《かし》の実類採り、樫の実をつき砕き、なんべんも水を替え、だんごにして喰う、ぬかに大根つき交え、日に干し、粉にして喰う、大根・藁《わら》・麦にてかい餅こしらえ喰う」と農民食生活の苦しみの一部を記録している。

　この享保の大飢饉を教訓に、時の将軍吉宗は、米以外の穀物の栽培を奨励し、青木昆陽が提唱したサツマイモの栽培をひろく普及させた。

現在、隅田川の花火を見る人の中に、死者へ思いをいたす人はいないかもしれない。しかし、かつて、華やかな打ち上げ花火に湧き上がる歓声の陰には、先立たれた親しい家族や友人への思い、あるいはいつ終わりを告げるかもしれぬ自身の生への思いがあったことだろう。

七夕《たなばた》――キュウリの馬とナスの牛は動物の〝位牌〟

●古くは、乙女が機屋で神を祀った祓えの行事だった

7月7日の夜空には、わし座の牽牛《けんぎゅう》星と、こと座の織女《しょくじょ》星が出会うという伝説がある。その伝説の成立は約2000年前、中国の紀元前にまで遡《さかのぼ》るといわれる。『荊楚《けいそ》歳時記』が伝えるストーリーを見てみよう。

天の川の東岸に住む織女は、天帝の娘であった。来る年も来る年も、織女は天帝の衣のため機織《はた》りに精を出し、他のことにはまったく見向きもしなかった。この様子を憐《あわ》れんだ天帝は、天の川の西岸に住む働き者の牽牛に嫁がせることにした。

果たしてふたりはすっかり仲良くなるものの、そのために織女はまったく機織りをせず、牽牛も牛を牽《ひ》いて働くことをしなくなってしまった。天帝はこれを見て怒り、さっそく織女を連れ戻してしまう。しかし、愛し合うふたりの嘆《なげ》き悲しむさまを見て、毎年1度、七夕の夜だけは天の川を渡って会うことを許されたのである。

こうした星伝説が、女性の手芸上達を祈る祭事の乞巧奠《きこうでん》とともに、やがてわが国へ節供の行事として伝来した。なかでも人日《じんじつ》は七草の節供、上巳《じょうし》は桃の節供、端午《たんご》はショウブの節供、重陽《ちょうよう》は菊の節供などと呼ばれ、それぞれ季節の植物と深く関わる。七夕にはこうした呼び名はないが、七夕竹を立てて祀る立派な節供だ。

平安時代には「撫子合わせ《なでしこ》」が行なわれ、室町時代には七夕法楽に「花合わせ」が行なわれて「七夕立花」を生み出し、これが後に華道〝いけばな〟が誕生する素地となった。

中国起源の七夕ではあるが、歴史的には盆行事の一環として、祖先の霊を祀る前夜祭として栄えた。7月7日に人家をはなれた機屋にて乙女が神を祀り、七夕送りを行なって穢《けが》れを神に託して持ち去ってもらう、という祓えの行事であり、盆に先立つ物忌みのための祓えであったという説が知られる。

また、畑作の収穫祭として七夕を迎えるのが、古来の信仰でもあった。それは麦を中心として粟《あわ》・稗《ひえ》・芋・豆を主食としていた時代で、米中心の稲作より古く、日本固有の信仰として存在していたと考えられる。麦の実りを祝い、キュウリやナスやミョウガの成熟を神に感謝したのである。

この祭りのとき、人々は神の乗り物としてキュウリの馬、ナスの牛を七夕に供えた。現在ではそれが盆飾りとなり、祖先の乗るキュウリの馬とナスの牛に引き継がれているが、昔の人にとって牛馬は家族も同然。もとは亡き牛馬への冥福を祈る、いわば動物の〝お位牌《いはい》〟のようなものだった。

●スサノオは、なぜ棚機津女《たなばたつめ》を殺したか

ところで七に夕と書いて「たなばた」と読ませるが、元の表記は「棚機」である。機は「き」ではなく「はた」と読むから、これは織物を織ることを意味する。この織物は、ふだんに着る着物ではなく、神衣《かむみそ》・神御衣《かんみそ》と呼ばれる神に捧げるための布である。

『古事記』「高天原《たかまがはら》」説話によれば、高天原で、アマテラスの弟スサノオが荒れ狂い、乱暴狼藉《ろうぜき》を働くくだりがある。畦《あぜ》を壊し、水路を潰し、神殿を汚し、更には皮を剝《は》い

だ馬を屋内に投げ込む罪をおかした。これを「天津《あまつ》罪《つみ》」という。天津罪とは、アマテラスの目指す農耕社会を潔《いさぎよ》しとしないスサノオが天上（高天原）でおかした近親相姦や、生物に対する傷害などの罪を「国津《くにつ》罪《つみ》」と呼んで区別したものだが、今ここでは問わないことにしよう。

ともかく、このとき、皮を剝がれた真っ赤な馬が突然落ちてきたものだから、ひとりの棚機津《たなばたつ》女《め》が驚き跳び上がった拍子に、その織機《しょつき》の突起した所にホト（女性器）を貫かれ、殺されてしまった。これはアマテラスの天岩戸《あまのいわと》隠れの原因になる事件なので、多くの方が知っている話であろう。

なぜスサノオが、棚機津女を死に至らしめるほどの暴挙に出るのかという疑問が残るが、これについては実に膨大な解釈があり、なかなか簡潔に述べられない。梅原猛氏などによれば、農耕を中心とする新しい弥生文化と、古い勢力の縄文文化のせめぎ合いを物語っているのではないかという興味深い指摘もある[14]。

いずれにしても、中国の星伝説や乞巧奠の風俗が起源となり、これらが伝わって、日本固有の畑作の収穫祭と盆迎えの祓えの信仰、そして禊《みそ》ぎと棚機津女の物語が数々混交し、日本の七夕が成立したのである。

盂蘭盆会《うらぼんえ》（お盆）

──語源は、仏弟子《ぶつでし》の母が地獄で逆さ吊りにされたことから

今は亡き祖先の霊魂が、この世へと帰ってくるという盂蘭盆会。現代の日本人にとって、お盆とお正月は1年の区切りとなる大切な年中行事だが、どうして今は亡き死者と出合うことが、毎年の欠かせない行事となったのだろうか？

そもそも盂蘭盆会、略してお盆という行事は、仏教の『仏説盂蘭盆経』というお経にある恐ろしい話から始まったという。「仏説」とは「ブッダが説いた」、つまり、ブッダが直接お話しになったという意味である。『仏説盂蘭盆経』の一節を紹介しよう。

今からおよそ2500年前のこと、ブッダの十大弟子のひとりにモッガラーナ（目《もく》連《れん》）という修行僧がいた。彼は神通第一《じんずうだいいち》といわれるほど、他の誰よりも不思議な呪術力を持ち合わせた若者であった。

あるとき、亡くなった父母がどのように生まれ変わったのか知りたくなり、得意の神通力で死後の世界を映し出した。すると、天上界に生まれ変わった父と、餓鬼《がき》道に

墜ちていた母の姿が浮かび上がったのだ。餓鬼道とは飢《う》えた鬼に生まれ変わった者の世界である。

最愛の母は別人のようにやせ衰えて無惨な姿となり、背筋も凍るような悲鳴を上げながら、焼けつくノドの渇きと激しい飢えに苦しんでいた。しかも母は逆さに吊《つる》されて、鬼たちに責め苦を受けている。あまりの苦しさに他の餓鬼には、汚物を食べたり、互いの頭をかち割って脳みそを手づかみで奪い合っている者もいる。

見るに堪えない母とその世界のありさまに、モッガラーナは思わず神通力を使って自分の鉢《はち》にご飯を盛り、お経とともにお供えするのだが、母が食べようとすると食べ物はあっという間に燃え上がり、口にすることができない。何度試みても食べられないので、モッガラーナはブッダに救いを求めた。

「モッガラーナよ。たとえおまえのような強い神通力を持っていても、たったひとりの力では地獄や餓鬼の亡者を救うことはできないのだ。折しも、百日修行が明ける7月15日が来る。その日に修行を終えた僧侶に食事の供養をしなさい。大勢の僧による読経の力が、必ず亡き母を救うことになろう」

このブッダの教えのとおりに、モッガラーナが山海の百味を器に盛って供養したところ、たちまち母は安らかな菩薩《ぼさつ》の姿となって、天上の世界へ昇っていったという。

これが、お盆の起源とされる『仏説盂蘭盆経』のクライマックス部分である。この中で、母が苦しんでいた「逆さ吊り」をインドのサンスクリット語で「ウラバンナ」ということから、音訳の「盂蘭盆会」という言葉が生まれた。

ここでの百日修行とは、雨安居《うあんご》とか夏安居《げあんご》と呼ばれる外出禁止のお籠《こ》もり修行のことである。インドでは、4月から7月にかけて日本の梅雨のような雨期に入るのだが、ブッダはこの時期を、動物や虫たちにとって乾期前の貴重な活動期間として、人間の不要な欲求にもとづく活動を控える目的から、この安居を不殺生《ふせつしょう》の戒めとして定めたという。

ちなみに、このとき救われたモッガラーナの母とともに、同じ餓鬼となって苦しんでいた亡者たちが、みな等しく救われて昇天したとある。血縁のあるなしにかかわらず、読経の呪術力は、すべての生きとし生けるものたちを救済したのだ。

その際、なんと地獄の扉も少しずつ開き始め、われ先にと地獄の亡者たちが中からあふれ出た。この大勢の死霊たちが歓喜する様子が、まるで両手を挙げて踊っているような姿から、盆踊りの形式が興ったとされ、今でも盆踊りは必ず大勢で踊るしきたりとなっている。

また、いつの頃からか、供養のために山海の百味を盛りつけた器を「お盆」と呼ぶようにもなり、今では台所用品として食事を運ぶ道具となっている。

近年では、中央アジアのゾロアスター教にある祖霊祭りである「ウルヴァン」が起源とする説も知られるが、どちらにしても死者たちのために祈る日であることには違いない。ブッダが、モッガラーナの母だけでなく、苦しむ死霊たちをあまねく救ったことを考えると、これまでとはお盆の意味が変わって感じられてはこないだろうか。

施餓鬼《せがき》――餓鬼に呪われた弟子を、ブッダはいかに救ったか

「施餓鬼」は、仏教寺院で行なわれる餓鬼や精霊たちのための供養法会《ほうえ》である。死者に対して加持祈禱《かじきとう》を行ないながら食べ物を施すことから、「大施餓鬼」とか「施食会」とも呼ばれている。

餓鬼とは梵語《ぼんご》「プレータ」のことで、仏教の教えによると、生前に強欲で悪行をはたらいた者は死後に餓鬼道に落ち、常に飢えと喉の渇きに苦しむ鬼に生まれ変わると説く。盂蘭盆会の起源となった仏弟子モッガラーナの母も餓鬼道に落ちたことは、前項で述べた。

そのためであろうか、夏のお盆供養と一緒に行なう場合が多いのだが、本来は季節に関係のないしきたりである。

施餓鬼の由来は『仏説救抜焰口餓鬼陀羅尼経《ぶっせつくばつえんくがきだらにきょう》』という古いインドの経である。8世紀に不空という僧が漢訳し、日本には延暦25年（806）に空海が漢訳の経典を伝えた。ムカーグニジュヴァーラ（口から火焰を吐き出すもの、焰口）という、鬼を救うための陀羅尼が多く示される不思議なこの経典には、次のような話が伝えられる。


昔、ブッダの十大弟子のひとりで「多聞《たもん》第一」と称されたアーナンダ（阿難尊者）という若者がいた。多聞第一とはブッダの説法を誰よりも多く聞き、そして記憶していた高弟という意味である。ブッダの従兄弟《いとこ》であり、侍者《じしゃ》という一番の側役でもあったので、いつもブッダに付き従っていたのであるが、あるとき、アーナンダはめずらしくひとり、林の中で坐禅にふけっていた。

すると突如として恐ろしい焰口餓鬼が目前に姿を現したのである。やせた体で髪を振り乱し、首は針のように細く、爪は鋭く伸びきっていた。そして口からは大きな火焰が音を立てて燃え上がっている。

焰口餓鬼は、アーナンダに向かって怒りの形相で叫んだ。

「おまえは3日後に必ず死ぬ！　そしておまえも鬼に生まれ変わるだろう！」

アーナンダは驚き絶句するが、それではどうすればよいのかと問い返した。すると、

「明日中に百千那由他恒河沙《ひゃくせんなゆたごうがしゃ》（測ることのできないほど多数）の餓鬼と、百千の婆羅門《ばらもん》（修行者）たちに、それぞれ一斛《いっこく》（インド・マガダ国の升《ます》一杯）の食べ物を施し、私のために三宝（仏法僧）を供養せよ。そうすれば、おまえは生きながらえ、私もまた餓鬼道を免れて天上に転生することができるだろう」

と答え、たちまち餓鬼は姿を消した。恐怖におびえたアーナンダは、すぐさま師ブッダのもとへゆき、助けを求めて教えを請うた。すると、ブッダは次のように答えた。

「アーナンダよ、恐れてはならない。心から加持飲食陀羅尼《かじおんじきだらに》を唱えなさい。心から『ノウマクサラバ・タターギャタ・バロキティー・オン・サンバラー・サンバラー・フーン！』と唱えなさい。そして1椀の食べ物をそこに供えるのだ。さすれば、たった1杯の食べ物でも、たちまち無量の飲食となって餓鬼たちの食事となるだろう」

すぐさまアーナンダは、ブッダの教えどおりに供養し、寿命をまっとうすることができたという。


実在の人物アーナンダは、こうしてその後もブッダに長く仕え、ブッダの臨終にも

立ち会った。さらには多聞第一の称号どおりに活躍し、ブッダの死後には経典編纂《へんさん》に加わり、仏教発展に多大な貢献をなすことになる。

ところで、飢えた亡者の餓鬼は、地面から這い上がってくる地縛霊といわれるため、なるべく食事は低い場所に供えるのが習わしである。

実際、千葉県の南部では、ハスの葉などにのせて庭先の地面にじかに置く。お盆の時季には、お仏壇とは別に一段低い棚を設け、できるだけ喉の通りがよく、水気の多い食事の供養をするのも施餓鬼の一種である。兵庫県篠山《ささやま》市近辺では「餓鬼さんの喉が渇いているから……」といいながら、雨だれのところに糸を引くようにお茶を流すというし、佐賀県の神崎市では柿の葉などにお供えし、餓鬼の食事は手づかみだから箸は添えないと伝える。

また、餓鬼は地中がすみかのため、明るさが苦手で光を怖がるという。そこで、昔は真夜中に施餓鬼法会を行ない、元来は、施餓鬼棚や供養の場所にロウソクの灯りはつけないものである。その代わりにホオズキを灯明代わりに供えて、霊界からの導きとした。(15)

なるほど、ホオズキならば灯明《とうみよう》の形をしており、しかも明るくない。ホオズキを「鬼灯」と表記するのもここからきているのだ。

重陽《ちょうよう》の節供《せっく》――古人が月の神に託した「よみがえり」の願い

重陽の節供は、正月7日、3月の上巳、5月の端午、7月の七夕とならぶ9月9日の節日であり、江戸幕府の定めた式日の五節供にも数えられた。古くから中国では「七五三」のように、陽数である奇数を好む傾向があるが、その陽数のうち、もっとも大きな数字の九が重なるので「重陽」と呼ぶのだ。

この重陽の節供には、菊の花がつきものである。菊は中国からの渡来植物で、『荊《けい》楚《そ》歳時記』によれば、中国では9月9日に強い臭気を放つ山椒《さんしょう》を身につけて高所に上り、杯《さかずき》に菊の花を浮かべた酒を飲めば、長寿や若返りに効くと信じられていた。

日本では平安時代、貴族たちが重陽節として月を眺めながら菊花酒を好んで飲んだ。さらに「菊被綿《きくのきせわた》」という習わしがあり、重陽の節供前の月夜に菊の花に綿を覆っておいて、その香りや露を移しとり、当日の朝にその綿で体を拭《ぬぐ》うと長寿と若返りによろしいといわれた。

それでは、なぜ月下の菊酒や菊の夜露が、若返りや長寿の効能となって表れるのだろうか。参考までに『万葉集』をひもといてみよう。

天橋も　長くもがも　高山も　高くもがも　月夜見《つくよみ》の　持てるをち水　い取り来て　公《きみ》に奉《まつ》りて　をち得てしかも

（巻13・3245）

「月夜見の持てるをち水」とは「ツクヨミの持っている〝若返りの水〟」という意味である。ツクヨミとはもちろん、イザナギノミコトが黄泉《よみ》の国から戻り、日向《ひゅうが》の橘《たちばな》の小門《おど》の阿波岐原《あわきがはら》で禊《みそぎ》を行なったときに誕生した月の神であり、アマテラス、スサノオとならぶ三大神のうちの一神である。

そこで、月の神がどうして若返りの水（をち水）を持っているという信仰が生まれたのかを想像すれば、おそらく月には太陽（太陽神のアマテラス）と違って、形の満ち欠けという変化があるからであろう。ひとたび欠けたはずの月が、また元のように戻って満月となることから、この現象を「月が若返る」ものと解釈し、若返りの水は月にあると考えたのだ。あるいは一説に、満月の月の陰影は水を汲《く》む人の姿だと解釈する説も知られる。

また若水といえば、沖縄に興味深い「月と若返りの水」の話がある。ロシアの東洋学者ニコライ・アレクサンドロヴィッチ・ネフスキー著、『月と不死』（東洋文庫）に採集された沖縄の伝承がそれである。あらすじはこうだ。

むかしむかし、琉球《りゆうきゆう》の宮古島に、初めて人間が降り立った。その様子をご覧になった月と太陽が、この人間というものに長い命を与えようとした。そこで島の祭りの夜になるのを待って、アカリヤザガマという人間を使いに送り込んだ。そのときに変若《をち》水《みず》と死水《しにみず》を入れたふたつの桶を天秤にかついで下界に行かせたのである。月と太陽はアカリヤザガマに、人間には変若水を与え、蛇には死水を与えるように、と教えたのである。

ところが、途中で小便をもよおしたアカリヤザガマが、天秤ごとふたつの桶を下ろしたところ、突然蛇が現れた。驚いたアカリヤザガマは、誤って人間に与えるはずの変若水を蛇に浴びせてしまった。アカリヤザガマは仕方なく、月と太陽からの指示とは逆に、残った死水の方を人間に浴びせて帰って行ったのである。

それからというもの、蛇は脱尾して生まれかわることができる不死の体となったが、人間は儚《はかな》く短命のうちに死ななければならなくなったという。

こうして月と太陽の〝なさけ〟が、かえって人の死という悲劇を生むことになった。月と太陽とは「時間の流れ」を指すと考えられる。不死になりそこなった人間を神は哀れみ、少しでも若返りできるように、そのときから毎年、節祭の祭日に「若水」を送ることになったのだと伝えられる。

誓文払《せいもんばら》い――裏切りのために処刑された男が誓文返しの神となったわけ

京の商人や花街の遊女たちが、陰暦10月20日の日に、四条京極の「冠者殿社《かんじやでんしや》（官者殿社とも）」に参詣し、日頃の商売上のかけひきから客を欺《あざむ》いた罪を祓い、神罰を免れるように祈った祭日が、この誓文払いである。江戸時代頃からは、京坂を中心に〝かけひきの嘘を謝する〟という罪ほろぼしの趣旨から、こぞって商店が大安売りを始め、現在ではこの時期から年末にかけて、蔵ざらえバーゲンセールを行なうようになった。

参詣先である八坂神社の摂社冠者殿社だが、この「冠者」とは息子の意味であり、恵比寿の神の息子である恵比寿三郎とする説がある。彼は、俗にいう「誓文返し（祀れば嘘を許す）の神」とされる。この背景には、中世から近世にかけて、貨幣経済の発展に伴い福神信仰が京都を中心に盛んになり、その代表として商家が恵比寿神を祀ってきたたという歴史がある。

この「冠者殿」を誓文返しの神とするもうひとつの大きな縁起は、鎌倉時代初期の僧、土佐坊昌俊《とさのぼうしょうしゅん》（1141?～85）を祀るとするいわれである。『吾妻鏡《あづまかがみ》』（第5）や『平家物語』（巻第12）によるその故事とは、次のとおりである。

文治《ぶんじ》元年（1185）乙巳《きのとみ》のことである。すでに平家を滅ぼした源頼朝は、梶原景時《かじわらかげとき》による讒言《ざんげん》もあって、弟の源義経に謀反《むほん》の疑いを抱いていた。

10月9日、いよいよ義経を討つための評定《ひょうじょう》が開かれた。しかし、みな義経の強さを恐れ、追討《ついとう》を辞退する。そんな中、土佐坊昌俊が進んで引き受けたので、頼朝から特別にお褒めの言葉があった。

昌俊は、もとは奈良興福寺金剛堂の堂衆だったが、のちに関東に下向し源頼朝の家臣となった男である。昌俊は死を覚悟して、83騎の軍勢を引き連れ、定められた行程で義経を討つために京へと上った。

昌俊は極秘裏に義経に近づくが、昌俊の遣わされた目的を怪しんだ義経は、自分を討ちに来たのだろうと詰め寄る。昌俊は義経へ敵意のないことを7枚の熊野牛玉宝印《ごおうほういん》（厄除けの護符。この裏に書いた約束を破れば恐ろしい天罰が下ると恐れられた）に記し、神仏に誓って嘘いつわりはないことを義経に約束して、何とか許してもらうのだった。

難をのがれた昌俊は、しかし、着々と義経討伐の準備を進める。そして同年10月17日、闇夜に乗じて六十数騎の軍勢とともに、義経のいる六条室町亭を襲撃した（堀川夜討）。義経の家来たちは少人数であったが、伊勢三郎義盛《よしもり》、佐藤四郎兵衛忠信《ひょうえただのぶ》、武蔵坊弁慶たちの活躍、また静御前の機転のおかげもあって、事前にこの夜襲を察知していた。昌俊は這々《ほうほう》の体《てい》で退散したが、ほどなく捕らえられてしまう。

義経の前に引き出された土佐坊昌俊と彼に与《くみ》した3人に対して、義経は、命が惜しければ鎌倉に送り返してもよいと情けをかけるが、昌俊は、これをきっぱりと断って述べる。

「私の命はすでに鎌倉殿（頼朝）に捧げ申しておる。いまさら自分の命を取り戻してどうするというのだ」

10月26日、昌俊らは六条河原で斬首となり、さらし首にされた。しかしながら、最期まで毅然《きぜん》とした態度で忠義を尽くしたので、義経も感服したという。

こうして危機を脱した義経は、夜討ちを受けた翌日、後白河法皇より頼朝追討の院《いん》宣《ぜん》を受けることになる。しかしその一方で、昌俊による義経襲撃は、頼朝が義経を挑発するためのものだとか、あるいは夜襲そのものの事実が疑わしいとの指摘もあるが、ひとつの物語として完結しており、義経と昌俊の緊張感ある駆け引きが魅力の場面だ。

残念ながら冠者殿の土佐房昌俊祭神説は、すでに江戸時代の地誌類でも俗説と書かれているが、昌俊らが京の義経邸を襲った「堀川夜討」の故事は、室町期の語り本から、幸若舞《こうわかまい》、謡曲、浄瑠璃《じょうるり》などで数多く語り継がれ、人気を博してきた。

神に誓った起請文《きしょうもん》まで書きながら、その日のうちに反古《ほご》にした二重スパイの末路は悲劇となる運命かもしれないが、人間にとって嘘をつくことは、この世を生き抜くための宿命なのかもしれないと感じさせるいきさつである。そんな、どことなく昌俊に哀れさを抱く庶民感情が、こうした「誓文払い」の習俗と結びついてきたのだろう。

酉《とり》の市――「三の酉には火事が多い」とされるのは

酉の市とは、毎年11月の酉の日に各地で行なわれる「おおとり（鳳・鷲・大鳥）神社」の祭礼にともなった市であり、バザールである。親しみを込めて〝お酉さま〟とも呼ばれているが、本来は〝とりのまち〟と発音する。つまりは「酉の祭り」から転訛《てんか》した呼び名なのである。

数ある酉の市の中でも、東京都足立区の鷲《おおとり》神社は有名で、大鳥神社とも書くこの地の市には、境内《けいだい》に200軒以上にものぼる熊手を売る店が出るという。そのむかしから店には粟餅や竹ぼうき、八つ頭芋などが並ぶが、もっぱら売れるのがおかめの面がついた熊手。この熊手売りたちの威勢のよい掛け声が飛び交う中、商売繁盛と無病息災を祈ってお参りするのである。

ところで、このしきたりには、なぜか火事やトラブルの因縁がつきまとう。11月の酉の日は毎年2回から3回あり、それぞれ一の酉、二の酉、三の酉というが、昔から三の酉まである年は火事が多いとか、吉原遊郭に何か異変があるなどとの俗信があった。この酉の市と火事などの災難の噂には、どのような因縁があるのだろうか？

鷲大明神の本社は、花又村（現足立区花畑）の本立山長国寺《ほんりゅうざんちょうこくじ》にあり、今の浅草の酉の市は新酉《しんとり》と呼ばれる。藍亭青藍《らんていせいらん》による『俳諧歳時記栞草《はいかいさいじきしおりぐさ》』（嘉永《かえい》4年刊）には、酉の日には江戸から三里の武州葛飾郡花又村に酉の市が立つとあり、江戸近在からこぞって人が集まり、たいへんな賑わいを見せたという。(16)

参詣者は土産に必ず芋がしら（サトイモの塊茎。親芋）を買って帰るのだとも伝え、また同じこの日には、浅草寺裏手の大明神にも市があって、そちらにも人々が群がったとある。実は、この花又村は綾瀬川《あやせ》の水路を舟で遡《さかのぼ》るところにあって、その地にちなんだ川柳の多くに博打《ばくち》にからんだ句が残っているのだ。

船賃は増してやるわと坪を見せ
（船賃に祝儀をつけて出してやれるほど、酉の市ではツボを振って儲けてやるぞ。なあ船頭さんよ）
唐の芋ひとつで露命つなぐなり
（すっかり博打に負けてしまった。せめて酉の市の土産の芋で食いつなごうか）
鳥の町舟でもふせて行くところ
（酉の市までたどり着くのが待ちきれない。この舟中でツボを振りながら花又村に向かおうか）

調べれば調べるほど、この地には、酉の市と博打の関係が語られる文献が多いことに驚かされる。『遊歴雑記《ゆうれきざつき》』（1814年）には、世間の人は鷲大明神を勝負運の神様だといって、博打・賭け事・儲け事までも是とする信仰があり、鷲を「わしづかみ」「上を見ぬ鷲のつかみどり」などといって賭けの運をつかさどる神と崇めていたのだろうと、当時の賑わいの様子を、なかばあきれるように考証しているのが面白い。

あまりに加熱する賭博が、しかも長年にわたって続いたため、幕府も頭を痛め、『半日閑話《はんにちかんわ》』（1776年）の記事には、ついに酉の市の博打禁止を定めることになったと伝える。

江戸幕府の禁止令が下ってからというもの、花又村の酉の市は落ち着きを取り戻すことになるが、その後に浅草の酉の市が隆盛を誇ることになる(17)。

明治元年（1868）には神仏判然令が布告され、寺院と神社は分離することになったが、独立した浅草の大鷲神社は、ご存じのとおり、かの吉原遊廓のすぐそばであったことから、今度は別な意味で大いに賑わうことになった。博打の次は遊郭遊びとは、殿方も忙しいことである。

これはもっぱら筆者の推測であるが、酉の市が興って以来、お参りには博打など日常では許されない無礼講のような行為がまかりとおっていたため、度を過ぎたら身のためにならないぞといった戒めが、自然に発生したのではないだろうか。いずれにしても酉の市は参拝こそが名目であるから、浅草にお参りが移った後も、堂々と吉原を経由して酉の市ができるようになった、というわけである。

したがって、この浅草酉の市が賑わいを見せるようになった頃から、今の都市伝説に近い語りぐさであるけれども、「三の酉には火事が多い」という噂が生まれたことを多くの人が指摘している。どこにも文献的な根拠は無いが、理由はこうである。

お酉さまへの参詣のたびに殿方が賭け事や遊郭に立ち寄るようだと、留守をあずかる女性としては、何とか亭主を家に引き戻さなければなるまい。ましてや3度も〝お酉さまもうで〟があったのでは、それこそ家計のほうが「火の車」であろう。

そこで、三の酉のあるときは「火事が多い」とか「吉原遊廓に事件が起こる」という噂が自然と生まれ、殿方の足を引き止めようとしたのだろうと推測されているのである。

吉原で起こった火事としては明治44年（1911）の4月9日に発生した「吉原の大火」が有名だが、この年は三の酉ではない。そもそも、火事はいつでも、ランダムに起こりうるもの。「特定の日に多く起こる」というのは、やはり迷信の域を出ないように思われるのである。

煤払《すすはら》い

清めの行事は厄払いの祈禱でもあった

その年の煤を払って家中を清める煤払いは、東京ではむかしから12月13日と決まっている。地方では師走《しわす》の末というところが多いが、江戸およびその近郊の年中行事を解説した斎藤月岑《げっしん》の著『東都歳時記』には、（1838年）に、「煤払い貴賤多くは此日を用ゆ」と明記されている。

寛永《かんえい》17年（1640）以後、江戸城中では12月13日に煤払いをすることが慣例となっていた。これを見習って江戸の

『東都歳時記』より

各藩邸や武家屋敷も煤払いをするようになり、ほどなく庶民も同様に行なうようになったものらしい。

当日は、早朝から奉公人たちはもとより、日頃出入りしている鳶《とび》の者、町内の若い衆たちが集まってくる。雨戸を開け、畳を上げて道ばたに積み上げる。そして、棚の上のものや家財道具を片付ける……。毎年のことであるから、払いは順調に進んだのであろうが、興味深いのは、掃除をひと通り終えると、主人をはじめ一同の胴上げが始まり、蕎麦《そば》や鯨《くじら》汁などがふるまわれたりしたことである。(5)

右図の真ん中あたりをご覧いただきたい。はっきりと胴上げの様子が描かれている。これにはいったい、どのような意味があるのだろうか？

胴上げとはもちろん、大勢でひとりの体を横にしたまま高く投げ上げることで、現在でもプロ野球の優勝シーンなど、お祝いや歓喜の場面で行なわれる。全国各地の民俗をふりかえると、厄年の厄落としや成人式の節目でも、胴上げは「神事」として行なわれている。

おそらくこれは、祭りの神輿《みこし》や、船の進水式に船体を揺さぶって航海の安全を祈る舟玉祀り、あるいはお宮参りの際に子を揺するしぐさも同義と推測される。御霊《みたま》をゆさぶることは神々を喜ばす最良の行為であり、揺するという動きは、霊魂というタマを容れ物であるモノに定着させるまじないとなる。舟玉様は船体に、赤ちゃんの生命〝タマ〟は肉体という容れ物に、それぞれしっかりと密着させ安定させるわけである。こうして煤払いの胴上げも、立派な悪業払拭《あくごうふっしょく》の神事となる。

したがって、この挿絵も、煤払いがホコリを払う単なる掃除ではなく、厄払いの祈禱でもあったことを物語っている。隅っこには女性やお年寄りが屛風《びょうぶ》のものかげで、煤払いの邪魔にならないよう控えているが、俳句ではこれを「煤逃《すす》げ」とか「煤籠《ご》もり」といって季語としている(15)。

旧年中の災い事を清算する煤払いを行なわなければならないもうひとつの理由は、もちろん正月の福の神を迎えるためである。神事としてせっかく掃き清めた住まいも、家の中に舞い込んでくる福の神を追い出してしまったら、それこそ恐ろしくも勿体《もったい》ない話である。江戸時代の商家では、さらに徹底しており、正月には雨戸を閉め切って福の神を絶対に外へ逃さないようにしたという。

あるいは「元日に風呂を沸かすと火事になる」「元日に料理をしてはいけない」「元日にけっして洗髪をしてはならない」など、掃除はもちろん、働いたり動いたりすることさえ凶事を招くとして、年末年始の物忌みを数多く生み出した⑱。当時の人々は、福の神が逃げることを単なるアンラッキーではなく、真剣に恐れていたのである。

昨今は365日24時間、営業している店舗が多い。また昼夜を分かたず、年末年始にもにぎわうネオン街がある。現代人にとって物忌みやタブーは、すでに単なる迷信となってしまったのかもしれない。

しかし、しきたりには、人間が蓄積してきた智恵という側面もある。これは筆者の実感だが、風習そのものを行なう意味が薄れてきてもなお、昔から伝承されてきたことは自分も行ない、また次代へ受け継いだほうがいいように思われる。軽視された迷信の中には、実は大切なメッセージが隠されていることもある。真に恐ろしいのは、文明向上の名のもとに節度を忘れた人間の姿だといえるだろう。

〈参考文献〉

(1)『柳田国男全集』第9巻「獅子舞考」柳田国男著(ちくま文庫)
(2)『万葉植物文化誌』木下武司著(八坂書房)
(3)『日本国語大辞典』第17巻(小学館)
(4)『日本妖怪大事典』水木しげる・村上健司著(角川書店)
(5)『年中行事大辞典』加藤友康・長沢利明・山田邦明・高埜利彦編(吉川弘文館)
(6)『日本の歴史—神話から歴史へ』井上光貞著(中公文庫)
(7)『日本神道史研究 3』西田長男著(講談社)
(8)『中世封建社会の首都と農村』河音能平著(東京大学出版会)
(9)『饗宴の研究〈文学篇〉』倉林正次著(桜楓社)
(10)『古代国家と年中行事』大日方克己著(吉川弘文館)
(11)『遠野物語・山の人生』柳田国男著(岩波文庫)
(12)『河童駒引考—比較民俗学研究』石田英一郎著(岩波文庫)
(13)『祝儀・吉書・呪符—中世村落の祈りと呪術』中野豈任著(吉川弘文館)
(14)『日本人は思想したか』吉本隆明・梅原猛・中沢新一著(新潮社)
(15)『知っておきたい日本の年中行事事典』福田アジオ・山崎祐子・常光徹・福原敏男・菊池健策著(吉川弘文館)
(16)『日本年中行事辞典』鈴木棠三著(角川書店)
(17)『江戸の庶民生活・行事事典』渡辺信一郎著(東京堂出版)

(18)『なぜ夜に爪を切ってはいけないのか』北山哲著(角川新書)

3章

「子どもの遊び・わらべ唄」のルーツをたどって見えた恐怖

◎たとえば「かごめかごめ」は、屋外式こっくりさんか

えんがちょ——なぜ、私たちはあの「しぐさ」をするのか

●悪しき因果を断ち切るためだった？

ことわざに「因果は車の輪の如し」といわれるが、まさによい原因があればよい結果が、悪い原因があれば悪い結果が、小さな車輪がくるくる回るように巡ってくるものである。むかしはお地蔵さまに風車を供えたものだが、これは因果の巡りを意味しており、仏教では「善因善果、悪因悪果」といって、生前中の善行《ぜんぎょう》をすすめる教えとしている。

しかし、将来の結果を決める原因が今にあるとしても、今の結果はまた過去に原因があるということになろう。私たちは、そうした途切れることのない因果律の時間の流れの中に生きている。それでは一体、どうしたら善縁の波に乗り、悪縁の連鎖を断ち切ることができるのだろうか。

子どもの口遊びのひとつ「えんがちょ」は、そうした本来は逃れることのできない因果律を断ち切るまじないのひとつである。

網野善彦によると、「えん」は穢や縁を表し、「ちょ」は擬音語のチョンが省略されたもので、意味としては「縁（穢）をちょん切る」を表すとしている。(1) この場合、「縁」とは縁起であり因縁のことで、つまり因果律の流れを指しており、汚れた悪しき因果律をちょん切るということになる。

もうひとつの解釈として、「因果の性《しょう》」の転訛《てんか》とする説がある。幕末や江戸時代のわらべ唄の中に、汚いことをした子に向かって「ゑんがゑんが、ゑんがの性」と囃《はや》したてるというものがある。「ゑんがの性」とはもちろん「因果の性」のことで、江戸弁では「イ」が自然に「エ」となまるため、「ゑんがゑんが」と発音するのである。

このほかに「えんがちょ」は「縁が千代切った」の略、つまり因縁の流れを千代（＝永遠）に断ち切ったとする説が見られるが、どれが真説かは定かでない。

●さまざまな種類がある「えんがちょ」

ところで「えんがちょ」のしぐさであるが、これは調べた限り2種に大別される。いずれも指や腕、時に脚体の一部を使うが、ひとつは交差するタイプ、もうひとつは実際に断ち切る動作をするタイプで、前者は本人ひとりで行ない、後者は誰か第三者の補助を必要とする。

交差するタイプの「えんがちょ」

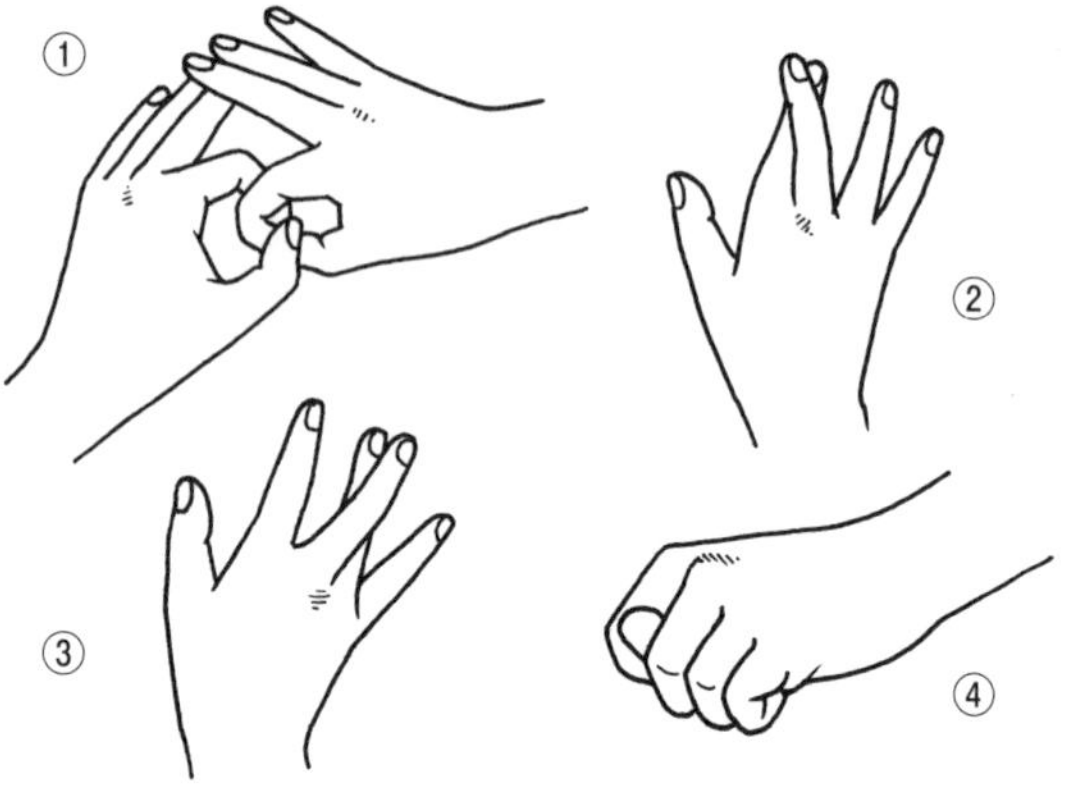

まず交差するタイプとしては、①両手の人さし指と親指で輪をつくり交差する、②右手の人さし指と中指を交差する、③右手の中指と薬指を交差する、④親指を人さし指と中指のあいだに入れて交差する、というように、主に指を使う。

そのほか両脚を軽く交差させたり、両腕を半ねじりさせて手のひらを合わせるしぐさのものもある。このねじった腕の手のひらを合わせる形は、ジャンケンのときにも用いられる〝えんがちょ発展系〟といえる。

何度ジャンケンしても負けが続くときに、ねじって合わせた両手のひらのあいだを覗《のぞ》き込み、次の手を見つけるというものだ。

これら一連のしぐさは、何を意味しているのだろうか。

あくまでも推測であるが、もし因果律という時間の連鎖に直線的で糸のようなイメージがあるとすれば、いずれもその因果律をねじ曲げるような意味からきていると想像される。ジャンケンのときの腕ひねりは、因果律の中にある勝負の流れを変えたいという気持ちの表れであろう。

あるいは、寺院の象徴ともなっている卍や鉤十字といったものをかたどったまじないという指摘もある。

ふたつ目の実際に断ち切る動作のタイプであるが、これは両手の人さし指をつなぎ、第三者に切り離してもらうものである。

たとえば、宮崎駿の映画『千と千尋の神隠し』で、主人公の千尋（セン）が、呪いをかけられた龍のハクが吐き出したナメクジのような妖怪を思わず足で踏みつぶし、慌てる場面がある。すると、それを見ていた釜爺《かまじい》が「えんがちょ」をするように教えるのだが、このときのしぐさが指を切るタイプのものであった。

このほかに最近では、テレビやアニメのバトルシーンが影響して「バリヤー！」「シールド！」などと叫ぶ新手の発展系もあるようだ。

「えんがちょ」をする侍たち
左は前列真ん中の侍の手を拡大したもの。「えんがちょ」のタイプ④（140頁参照）をしているように見える。
『平治物語〔絵巻〕』第2軸「信西巻」（部分）
（国立国会図書館デジタル化資料より）

●いつ、どんなタイミングで行なうか

この「えんがちょ」の使い途であるが、たとえば汚いものに触れたりした場合だけでなく、水神の使いと信じられていた蛇などに遭ったとき、このまじないを使うことがある。

「蛇を指さすと指が腐る」とむかしからいわれたように、信仰の対象でもある神聖な蛇を指さすことは、神を指さすことになるので、恐れ多く失礼なことだと教えているのである。

蛇を見つけて驚きのあまり思わず指さしてしまったとき、両手の人さし指どうしをくっつけるしぐさをし、そしてもうひとりに手刀で切るまねをしてもらいながら「えんがちょ」

と叫ぶと難をのがれるという。

さらに、この「えんがちょ」を行なうタイミングが重要だ。

常光徹氏によると、汚いものや恐ろしいもの、神聖なものに触れるか、指すか、もしくはただ見たときなど、不浄や神聖の対象に出合った瞬間を第三者に目撃された段階が起点となって行なわれるという特徴を持つという。(2) おかしてしまった本人ひとりでは成り立たず、他者との関係性の中で成立するしぐさであるところが興味深い。

13世紀頃の『平治物語〔絵巻〕』には信西（平治の乱で殺害された平清盛の側近）一味の生首を見ている人々が、親指を人さし指と中指のあいだに入れている図（右図参照）が確認できるので、しぐさの真相や起源そのものは相当古くに遡《さかのぼ》ることができそうだ。しかし残念ながら、そのいずれにもいまだ明確な根拠や史料は見出せていない。

指切りげんまん――もとは互いの命をかけた約束だった

●江戸の遊郭で流行った愛の誓い

大切な約束を守るために、あなたは誓いの証《あか》しとして何を求めるだろうか？　子どもの頃、互いに小指どうしを引っかけて振りながら、こんな言葉をふたりで言わなかっただろうか。

指切りげんまん嘘ついたら針千本のーます、指切った!

江戸時代の遊びの様子を描いた史料として知られる、万亭応賀《まんていおうが》と静斎英一《せいさいえいいち》の『幼稚《おさな》遊《あそび》昔雛形《むかしひながた》』(1844年)には、天保《てんぽう》年間の子どもの遊びとして75種類の遊びと、そのわらべ唄を紹介している。わが国のわらべ唄の史料として第一級の史料的価値がある本書に、指切りげんまんが紹介されているが、さらに時代を遡れば江戸の遊郭《ゆうかく》に由来するという。

かつて遊女と客が、その愛に偽りが無く不変であることを誓う証しとして、実際に小指を切断して贈っていた。おそらく、当初は限定的な流行だったと推測されるが、やがてこれが「約束を守る」という意味に変化して大衆にもひろまり、子どもらの遊びへと発展したと考えられている。(3)

ただし、それより遡ること300年あまり、時の室町幕府が永正《えいしょう》9年(1512)8月に定めたという「撰銭令《えりぜにれい》」の中に、銭の規定に関する違反者については男が斬首、女は指を切断するという罰があったことが伝えられるので、すでに約束を破った者への罰として「指切り」の刑は存在していたようである。(4)

一説には、古い伝統を守る任俠《にんきょう》の世界では〝おとしまえ〟として受け継がれているという指摘もあるが、残念ながら筆者はその根拠となる史料を見たことがない。しかし何らかの約束事として「指切りげんまん」をする習わしは、世界中に散見される。

お隣の韓国では、指切りのとき、日本と同じように小指と小指を使い、その後、ハンコを押すように親指どうしを合わせて確かめ合う。中国では右手の人さし指か小指を用いてからめ、「拉鈎上吊、一百年不許変」という言葉を口にして約束する。筆者が勤務する大学に在学している中国からの留学生によれば「この約束は、100年間変わりません。もし破れば吊《つる》し首！」という意味だという。

また、ベトナムやアメリカなどにも似たような約束の習わしがあると聞くが、残念ながら未見である。

●世界中に広がる「指先霊魂説」

あくまでも筆者の想像であるが、指切りげんまんは、おそらく霊柩車の親指隠しや、拇《ぼ》印《いん》・爪印の慣習、あるいは印鑑の神聖視などと関連した、一種の「指先霊魂説」ではないだろうか。聞くところによると、すでに古代のローマでは鉄製の指輪型印鑑があり、婚約の際には左手の薬指にその印鑑をはめて愛を誓う風習があったという。今日にいうエンゲージリングである。

大切な契約や人生の約束事を指につけて証明するということは、それだけ指先が、人間として重要な心理的、あるいは宗教的な役割を担っていることの証左である。

日本でも、爪印というしきたりが奈良時代に中国から伝わり、江戸時代に盛んに行なわれた。印鑑を用いず、爪先に墨や印肉をつけ、それを押して花押《かおう》のような証明としたのだが、墨などもつけずに、紙面に爪先だけをつけて印章の代わりとする場合もあったという。

指先霊魂説が、日本に限らず人類共通の特徴であることを裏付けるために、英語のcapという語にも注目したい。「頭」「先端」を意味するcapは、もともと「動物の頭部」という意味のラテン語caputからきている。日本語でも頭部を〝アタマ〟というように、魂が宿ると考えられた部分を指すcapは、同じラテン語のcapitalisに、「頭の」「頭に関した」「生活の」「生命に関わる」といった霊魂の意味を持った語がある。

したがって、頭部に被るものはcap（キャップ）であり、「岬《みさき》」を意味するcapeも同じ語源で「突端に位置する」ことをいう。ちなみに岬はheadland（ヘッドランド）ともいう。

また、魂が多く集まるのはcapital（キャピタル：首都）であり、チームのかなめはcaptain（キャプテン）、アメリカの国会議事堂のcapitol（キャピトル）も同様である。capitalは「資本」の意味にも使われることがあるが、これも「最初のもの」、つまりものごとの基本となる資産が原義だ。したがってcapitalを形容詞として用いれば「もっとも重要な」「命に代わる」「致命的な」といった意味になる。

「死刑」のことをcapital punishment（極刑）というが、これは、古くから斬首によって死刑が行なわれたことの名残《なごり》で、「頭」が命をもって償《つぐな》ったことの原義を伝える言葉である。

これらの意味をまとめると、ものごとや事物の先端やトップに位置するもの、あるいは何らかの極まった状態をcapというが、古墳から出土する銅鉾《どうほこ》やエジプトのピラミッドも、モノの先端という意味では同じであるから、そこには霊魂の宿る重要な役割があったと考えていいだろう。だからこそ、王は剣を単なる武器ではなく精神的象徴となし、武士も刀を魂そのものとして携《たずさ》えたのである。

広辞苑には「頭」のことを「かぶ」とも読むとある。戦国武将が身につける「かぶと（兜）」は「カブブタ（頭蓋）」が語源ともされているが、日本語の「かぶ」と、はるかラテン語のcaputが近似した発音であることは、偶然にしても興味深い。

また、指切りげんまんの「げんまん」とは「拳骨一万発」のことで、「はりせんぼん飲ます」とは「針を一千本飲ませる」という意味である。

いずれも約束を履行させるためのペナルティーとして、後世に語呂合わせから付加されたものだが、本来は文字どおり〝命に関わる〟言葉。「指切り」の約束とは、まさに自身の生命を担保にした危険な契約だったのだ。

てるてる坊主——あらかじめ「首を吊られている」意味とは

●てるてる坊主は女性だった?!

子どもの頃、運動会や遠足などの前日には、紙や布を丸めた頭を白木綿で包んだてるてる坊主を軒下にぶら下げて、雨が降らぬよう祈ったものである。

普通、人の形をした人形《ひとがた》は穢《けが》れを撫《な》でてうつし、身代わりとして川や海に流すタイプがほとんどだが、てるてる坊主型は、〝坊主〟と呼び名がついているように、天気をつかさどる空の神さまに自分の代わりにお願いしてくれる、いわば祈禱師《きとうし》である。

ただし、祈禱師といっても尊崇される呪術師という意味ではなく、自然災害から人命を守るために差し出された人身御供《ひとみごくう》の性格に近い存在である。人柱《ひとばしら》があの世とこの世を結ぶ〝はしら〟であるように、軒下に吊り下げることによって天界と地上とを結びつけているのである。その意味で、てるてる坊主とは、空へ差し出された人柱ということになる。それでは、さっそく歌詞を見てみよう。

てるてる坊主　てる坊主　明日天気にしておくれ
いつかの夢の　空のよに　晴れたら　金の鈴あげよ

てるてる坊主　てる坊主　明日天気にしておくれ
私の願いを　聞いたなら　あまいお酒を　たんと飲ましょ

てるてる坊主　てる坊主　明日天気にしておくれ
それでも曇《くも》って　泣いてたら　そなたの首を　チョンと切るぞ

――「少女の友」大正10年6月――

（与田準一編『日本童謡歌集』岩波文庫）

この軒下に吊《つる》すてるてる坊主の起源は、どこにあるのだろうか。結論からいえば、いつの時代から始まったのかははっきりしていない。ただ平安時代の『蜻蛉日記《かげろうにっき》』には、すでにてるてる坊主を吊して晴天を祈る慣習が著されている。その頃は「照る照る法師」とか「照り照り法師」、もしくは「照れ照れ法師」などと呼ばれていた。

さらに起源をたどれば、それは中国の伝説上の人物「掃晴娘《サオチンニャン》」がルーツだとされる。左図のように紙のほうきを持った娘姿の人形の掃晴娘は、やはり吊して晴天を祈願する人形のタイプだ。

なぜ娘の人形なのかといえば、日本でも神仏に仕えるのは田植えのサオトメのように（93項参照）、未婚の女性にこそ生命を生み出す霊力がそなわっていると信じられていたからである。(5)

●なぜ、首をチョン切られてしまうのか

仏教伝来以前の時代は、卑弥呼《ひみこ》が占いや祈禱師の代表であったように、女性が神聖視されていたが、やがて掃晴娘のみならず、仏教をはじめとする大陸の宗教文化が日本に伝来しはじめると、雨乞いをする祈禱師は男性の僧侶と認識されるようになる。

大陸の暦学や陰陽道《おんみょうどう》、風水を熟知した祈禱師たちは、安倍晴明《あべのせいめい》や役行者《えんのぎょうじゃ》のように多く

は男性だったからである。

彼らは太陽から月の動き、そして星座の動きを察知して天候を予測したため、日を知るので「日知り」、すなわち「聖《ひじり》」と呼ばれるようになった。おそらく、元来は女性であったてるてる坊主の起源は、やがてこうした理由から、男性僧侶を模したものへと変化していったのではないだろうか。

江戸時代に入ると、やがててるてる坊主は達磨人形のように、晴天となって願いが叶ったときに初めて両目を入れるようなしきたりとなった。江戸時代中期の俳人立羽《たちば》不《ふ》角《かく》の詠んだ、こんな句も残っている。

掃晴娘

両手に持っている竹箒で、雲や風を追い立てるとされる。中国では、このような切り紙(絵)を門の端に吊して晴天を願う。

てるてる法師　月に目が開き

地方によっては、御神酒《おみき》をかけて人形の労をねぎらい、それから川に流すところもあるとされる。(6)

ここまで説明してきたように、尊崇されるべき祈禱師〝ヒジリ〟の意味をも持つてるてる坊主だが、歌詞の中では、成功すれば金の鈴や甘いお酒でもてなされる一方で、願いが叶わずに雨天となれば首をチョン切られてしまうのだからたまらない。失敗すれば懲罰を与えるというわけである。やがては、晴れという結果に先行して、あらかじめ叩くなどの懲罰を行なうことにより、翌日の晴天を確実なものとするような迷信も残る。

　首を吊すという形状もあらためて考えると恐ろしいが、願いが成就する・しないにかかわらず、早々に罰せられてしまうという信仰も、筆者のような坊主にとっては恐ろしい風習である。

通りゃんせ――最強にして最恐の物語に裏打ちされた唄

●なぜ、行きは「よいよい」、帰りは「こわい」のか

通りゃんせ　通りゃんせ
ここはどこの細道じゃ

天神様の細道じゃ
ちいっと通して下しゃんせ
御用のない者通しゃせぬ
この子の七つのお祝いに　お札《ふだ》を納めに参ります
行きはよいよい　帰りはこわい
こわいながらも　通りゃんせ　通りゃんせ

「天神様参り」とも呼ばれ、江戸時代から親しまれてきたわらべ唄の「通りゃんせ」だが、歌詞をよくよく聴いてみると、何やら心細くなりそうなメッセージが読み込まれている。この唄は、埼玉県川越市にある三芳野《みよしの》神社が発祥の地といわれ、歌碑もしっかり建立されている。しかし実は、全国に何か所もこの唄の発祥の地と名乗りを上げている場所があって特定できないうえ、歌詞にもまたさまざまな解釈が存在する。

諸説ある中で、神奈川県小田原市の国府津《こうづ》にある菅原神社を発祥の地とする説が、もっとも有力であるといわれている。

すなわち、江戸の街でも当時から名高かった〝国府津の天神さん〟を祀《まつ》る菅原神社がそばに控えている箱根の関所を歌ったものとする解釈である。

江戸時代、関所を通る人間に対する審査は厳重を極め、箱根の関所に至っては、通行手形なしで通行する者をたいてい極刑に処していた。しかし、親の急病や主人の重篤《じゅうとく》の病状といった特別な事情があって、どうしても手形を入手する暇がなかった場合、関所役人にその旨を嘆願すれば特別に通行が許可されることがあった。ところが、往路はそれで何とか通行できたとしても、帰路は如何なる理由があっても絶対に許されることはなかった。

こうした旅人の事情が「行きはよいよい　帰りはこわい」という歌詞の意味だという。たしかに「御用のない者通しゃせぬ」の箇所は、古くは「手形のない者通しゃせぬ」と歌っている。

また「この子の七つのお祝いに」とは、七五三のお祝いを指し、「お札を納めに参ります」は、「天神さんに願かけて」とする地方もあるが、いずれにしても「細道」とは、箱根の山越えになる街道を指すことになる。

●「こわい」を〝手強い〟とする解釈も

ところで、この「帰りはこわい」という歌詞だが、「こわい」を恐ろしいという意味ではなく、「強《こわ》い」と読むこともできる。広辞苑によれば、「強い」とは「ごわごわして硬い」の他に、①けわしい、②相手の思いどおりにはならない、強情だ、③強い、手強《てごわ》い、④生硬《せいこう》である、⑤疲れる、骨が折れる、といった意味を列挙している。

たとえば、筆者などは子どもの頃、遠足の山登りで「行きはよいよい帰りは……」などと口ずさみながら懸命に歩いた記憶があり、「こわい」は〝疲れる〟という意味だと思い込んでいた。実際、マラソン大会での走りが竜頭蛇尾《りゅうとうだび》の無残な結果に終わったとき、友人から「往きはよいよい帰りはこわいだね」と揶揄《やゆ》されたこともある。

この「こわい」という言葉にこだわって考えなければ、唄の真相は見えてこないだろう。

つまり、もし②や③の「つよい」の意味で読み解くと、旅人から見れば、関所役人は「思いどおりにならない、手強い相手」ということになるだろう。あるいは、本当に「手強い相手」は関所役人ではなく、天神様の名のもとに通行を許された旅人のほうだったとも受けとめられる。「手強いうえに本当に恐ろしい」天神様の名を語れば、昔から、有無を言わさぬ絶対的意見としてまかり通ったからである。

「どれにしようかな、天神様の言うとおり」などと言葉遊びにも歌ったように、天神様はいわば〝恐怖の最終兵器〟。それほどまでに絶対な存在であり、畏怖《いふ》の対象であった。それでは、なぜ天神様は恐れられる存在となったのだろうか。

●天神様がかくも恐れられたわけ

天神様とは、平安時代に活躍した菅原道真《すがわらのみちざね》のことである。今や受験生に「学問の神」と崇《あが》められるが、古くは「祟《たた》り神」として恐れられた。

漢学者・詩人・歌人、そして政治家としても知られる道真は、右大臣として宇多《うだ》天皇から絶大な信頼を得ていた。しかし、彼の出世街道は突然閉ざされることになる。帝からの信任厚い道真を、脅威に感じた左大臣・藤原時平《ときひら》は「道真が謀反《むほん》を企んだ」と讒言《ざんげん》し、あらぬ罪を着せたのである。道真は失意のうちに、配流先で59歳の生涯を閉じた。

このあと、時平一派に〝呪いの連鎖〟が襲いかかる。まず、時平の片腕だった中納言の定国《さだくに》が40歳で早世する。次いで、道真の排訴にも尽力した藤原菅根《すがね》が落雷によって感電死。続いてその翌年、時平自身が39歳の若さで死ぬ。さらに時平が生前に希望を託した皇太子の保明親王《やすあきら》も、21歳であっけなく逝去《せいきょ》してしまう。

こう続くと、世間も「無実の罪のままに死んだ道真の怨念に違いない」と噂し、恐れるようになっていく。

時の天皇であった醍醐《だいご》天皇は、左遷の折に取り上げた右大臣の位を故人の道真に戻し、彼のために元号まで改めた。

ところが、道真の怨念劇は終わらない。保明親王に代わって2歳で太子となった慶《よし》頼王《よりおう》が、わずか4歳で死んでしまう。慶頼王とは、保明親王と時平の愛娘のあいだに生まれた子である。しかもこの年は、大干ばつ、冷夏、大雨、洪水に見舞われる。さらに台風、大地震に襲われ疫病まで大流行して、人々が次々に死んでいった。

そんな中、京の清涼殿《せいりょうでん》で大納言・藤原清貫《きよつら》に雷が直撃、人々の目前で胸が張り裂けて即死する。同時に建物が落雷で全焼してしまい、醍醐天皇はこのときのショックがもとで、3か月後に崩御《ほうぎょ》する。

さらに追い打ちをかけるように、平将門《たいらのまさかど》と藤原純友《すみとも》が関東と西海で反乱を起こす。承平《じょうへい》・天慶《てんぎょう》の乱（935年）である。この大乱によって国中が荒廃し、時平の長男、保忠は原因不明なまま狂死。後を追うように時平の三男、敦忠《あつただ》も38歳の若さで死去してしまう。

こうして942年、京都市上京区馬喰《ばくろ》町に道真を祀り、その後5年の歳月を要して北野天満宮が建立された。すると、祟りの勢いが徐々に衰えてきたのである。実際、毎夜にわたって社殿を拝し続けた時平の次男、顕忠《あきただ》だけは早死にを免れたという。安泰の世を取り戻した一条天皇は、道真を「天神」として祀り、さらに太政大臣《だいじょうだいじん》という最高位まで贈っている。

かくして、道真の無念の死から長きにわたった祟りの世が、ようやく終結を迎えたのだ。

●さまざまな解釈が存在するが…

ここで、参考までに「通りゃんせ」の伝統的な遊び方を紹介したい。

まず、鳥居の形をつくる役のふたりが、手と手をつないで高く挙げ、アーチをつくる。他の子どもらは一列になって、その鳥居の下を次々に潜《くぐ》り抜ける。そして「行きはよいよい、帰りはこわい」と歌いながら全員が通り抜けると、鳥居役のふたりは「こわいはずだよ、狐が通る」などといって、潜って逃げようとする者の背中を打とうとする。逃げるほうは打たれまいとして素早く駆け抜けるが、そこで打たれると、今度はその者が鳥居役となる。

ちなみに、背中を打つ代わりに「帰りのお土産なあに」と言って、挙げた鳥居の手を下ろすバージョンもある。

手でふさがれた者は「お寿司に団子に柏餅」などと答え、鳥居役に気に入られれば「極楽へ飛んでゆけ（この子はよい子、親の元へ帰れ）」といって通されるが、気に入らない答えならば、「この子は悪い子、地獄（針の山）へ飛んでゆけ」といって追い返し、

鳥居役を代わるというやり方もある。(3)

当時より多くの露店で賑わったという国府津の天神様であったから、まさか関所役人が参詣土産の〝見返り〟を求めたことでもあったのだろうかと想像してしまう。

このほか「通りゃんせ」には、「細道」＝「産道」として、母親の腹から生まれるときの唄だとする説（境内は胎内、参道は産道、お参りは母胎回帰とする思想にもとづく）や、人身御供《ひとみごくう》の歌説、親の子殺し説などあまりに多くの解釈が存在するが、いずれも明確な根拠は見出せていない。なぜなら恐怖の祟り神、菅原道真の前には、すべての解釈がひれ伏すといった感があるためであろう。

「通りゃんせ」は、最強にして最恐の物語によって裏打ちされているのである。

かごめかごめ——意味不明な歌詞に秘められた意図とは

●謎が謎を呼ぶ不思議な歌詞

かごめかごめ

籠《かご》の中の鳥は
いついつでやる
夜明けの晩に
鶴と亀がすべった
後ろの正面だあれ

あそび唄の定番といえる「かごめかごめ」は、謎多き唄である。その最大の要因は、この歌詞に出てくるひとつひとつの言葉にある。意味の相反する語が、交互に連続して登場するからだ。

「籠（封じるもの）」⇕「鳥（封じられるもの）」
「かごめ（屈め）」⇕「でやる（出やる）」
「夜明け」⇕「晩」
「鶴」⇕「亀」
「後ろ」⇕「正面」

こうした意味ありげな対語のあいだに、特定不可能な疑問符「いついつ（時間）」と「だあれ（人物）」、さらにネガティブなニュアンスの他動詞「すべる」が入り交じった、独特の童言《わらわごと》となり、唄全体に不安定感を醸し出している。また、それこそが遊戯を成立させる要件だといえるだろう。

このように解釈が定まらないため、「かごめかごめ」の歌詞の意味をめぐっては、実にさまざまな憶測を呼ぶことになる。

①籠の中の鳥を赤ちゃんに見立てた流産説
②遊女と男衆が脱走する逃走説
③罪人が斬首のあと、後ろの正面をグルッと向く処刑説
④リンチや突き落としによる説
⑤血なまぐさい宗教の儀式説
⑥鶴と亀を性器にたとえる色っぽい説
⑦籠（＝肉体）に宿る鳥（＝魂）の霊魂説

果ては、⑧徳川埋蔵金の暗号説、⑨籠の目の六芒星《ろくぼうせい》説までささやかれ、トンデモ本の類を合わせると、諸説紛々である。

●歌詞には意味などない？

ところで、こうした恐ろしい〝真説〟を期待している読者にはたいへん申し訳ないが、管見ではあるが、この歌詞には、それらを裏付ける証拠を筆者はいずれも見出すことができなかった。否、むしろ諸説を生み出す人間の想像力にこそ、別な意味で恐ろしさが隠されている特殊な唄なのである。

まずは「かごめかごめ」に関するもっとも古いと思われる文献を確認しよう。それは江戸時代、浅草覚吽院《かくうん》に住した修験僧である行智《ぎょうち》の編集した童謡集『竹堂随筆《ちくどうずいしゅう》』に登場する。成立は文政《ぶんせい》3年（1820）頃と伝えられるが、収録されている内容そのものは、それを遡ること半世紀あまり、宝暦《ほうれき》・明和《めいわ》年間のものである。その頃の歌詞は次のとおり。

かァごめかごめ　　かーごのなかの鳥は
いついつでやる　　夜あけのばんに
つるつるつッぺェつた　　なべのなべのそこぬけ
そこぬいてーたーァもれ

私たちの知っている歌詞とは、やや異なっていることがわかる。『竹堂随筆』の次に登場する文献は、文化《ぶんか》10年（1813）に初演された鶴屋《つるや》南北《なんぼく》の手になる歌舞伎『戻橋背御摂《もどりばしせなにごひいき》』に関するくだりである。[7]

かご目かご目　籠の中の鳥は
いついつ出やる　夜明けの晩に
つるつるつるはいつた

江戸時代も後期になると、しだいに現代版「かごめかごめ」の歌詞に近い雰囲気が伝わってくるのがおわかりいただけるだろう。したがって今のような歌詞になるのは、ほとんど明治以降の新しい時代になってからのことであり、この時点で先述のほとんどの説は除外されることになる。

さらにこの唄を解釈する場合、もっとも重要な視点は、これが遊戯のための童言という点である。つまり、ひとつの身体言語として理解するとき、これらの歌詞が子どもたちの動作と一体のリズムをつくり上げていることがわかる。歌詞の意味よりも、身体表現の面白みが優先することも多いと考えるべきだろう。

かの柳田国男も『こども風土記』（朝日新聞社）において、「かごめかごめ」を「あてもの遊び」の面を強調して解釈している。そこでは、「かごめ」は身を屈《かが》めよ、すなわちしゃがめということで、あり得ないはぐらかしの語を使うのは、いっぺんにすわらせて真後ろの者を当てる遊びのためであるとしている。

●もとは、地蔵のお告げをいただく宗教儀式か

ただし、子どもの遊び＝たわいのない言葉の羅列《られつ》という、単純な結論にはならないところが、この唄の難しいところである。

もともと子どもとは稚児《ちご》のように神仏に仕える身であり、遊びは占いとして神託を告げる手段でもあったことを考慮すれば、「かごめかごめ」はある意味で元来、宗教的な要素を十分に持っていることがわかる。

そのルーツのひとつに「地蔵遊び」「地蔵憑《つ》け」と呼ばれる儀式があり、これは平安時代にまで遡ることができる。この儀式は、従来「かごめかごめ」の起源といわれてきただけに、その遊び方も酷似している。

まず、ひとりの人間をムラの地蔵殿に安置してある地蔵像と向かい合わせて座らせ、それを数人がとり囲んで唄を歌い続ける。するとやがて、その人間の様子に変化があ

らわれるという。

手の震えや体の振動など、何らかの異変があれば地蔵が憑依《ひょうい》した（乗った）と判断し、そこから周囲の者たちがその座っている人間にいろいろなことを尋ねて、地蔵のお告げをいただくという古いしきたりである。

民俗学者の桜井徳太郎は『日本のシャマニズム 下巻』（吉川弘文館）において、この「地蔵遊び」「地蔵憑け」という儀式と「かごめかごめ」の関係にふれている。彼によれば、こうした宗教儀式が長いあいだ繰り返されることによって、子どもたちがいつしか大人たちのそうした儀式を模倣《もほう》していくようになり、やがて宗教色も儀式色も薄れて、わらべ唄の「かごめかごめ」が誕生したと考えている。

また、桜井は前掲書で、その起源について、柳田国男の『子ども風土記』に求めている。つまり「地蔵遊び」において「乗る」という表現は、「どうぞお地蔵さま、この子に乗りうつってくださいませ」という意味であると解釈している。こう語りかけているうちに、中央で取り囲まれている子は、しだいに普段のその子とは思えないような、別人めいた言葉を口にしたり、しぐさをしたりするのである。

こうした様子を見て、周囲の子どもたちも「お告げに現れたお地蔵さまだ」と喜び、失《う》せ物の相談をもちかけたり、「一緒に遊びましょ」とか「歌って踊りましょ」などと語りかけ、遊び相手にするという。

つまり桜井は、かつて日本で盛んに行なわれた口寄せ方式が、その真似を子どもたちが繰り返すことによって最近まで伝わり残ったとしており、「かごめかごめ」が地蔵遊びから転化した証拠は、両方の遊戯を数多く集めて比較しさえすれば、明らかになると論じている。

この論拠に立てば、「かごめかごめ」は地蔵信仰の口寄せを起源としながらも、楽しい人当てゲームとして発展してきたと今は仮に結論づけたい。歌詞の言葉には、残忍で意味深な解釈もあり得るかもしれないが、それはそれで意味づけする人間の心理の具現化であり、そこにはすでに立派に恐ろしさも表出している。

このあそび唄をアウトドア版〝コックリさん〟と読みとるか、たわいもない人当て遊びと見るか、それは読者の判断にゆだねることにしよう。

花いちもんめ——貧しい時代のむごい現実をとどめた唄か

「知らぬが仏」ということわざもあるが、この世には、たしかに知らないほうが幸せなこともあるようだ。幼い頃、誰もが親しんだ童謡に「花いちもんめ」という遊び歌がある。しかし、子ども時代に本当の意味を知っていたら、無邪気に歌ったり遊んだりすることはできなかったかもしれない。

勝って嬉しい　花いちもんめ
負けて悔しい　花いちもんめ
あの子が欲しい　あの子じゃわからん
相談しましょう　そうしましょう

この歌は、もちろん、大人たちが花の売買をする様子を歌ったものだとする解釈が一般的である。しかしその一方で、人間の売買の様子を描いた歌との説も知られる。これに対しては「子どもの歌にそのような残酷な歌があるわけがない、短絡的だ」との異論も多く聞かれる。ただ『蠅《はえ》の王』（ウィリアム・ゴールディング著）ではないが、筆者はあえて言いたい。子どもだからこそ、大人には歌えない、残酷な物語が伝えられている可能性があると。

この解釈に従えば〝花〟というのは若い女性の隠語となり、〝いちもんめ〟とは重さの単位の「一匁《もんめ》」となる。つまりひとりが一匁、そこが基本となってしだいに値段を決めていくのである。

作詞作曲ともに不明の歌であるため、いつ頃成立した遊び歌かはよくわかっていない。しかし仮に「もんめ」が尺貫法の単位の「匁」であるとすれば、15世紀後半から明治24年（1891）まで使われていた単位であるから、その当時の歌ではないかと推測される。ちなみに一匁の重さは3・75gである。(8)

宮澤賢治の『グスコーブドリの伝記』にもあるように、かつての庶民は、恐ろしいほど貧しい暮らしを強《し》いられていた。そんな当時、子どもたちは口減らしのために人里に売られていった事実がある。

歌詞に見られる「勝ってうれしい」「負けてくやしい」は、本来、女衒《ぜげん》にとって「買ってうれしい」、売り手にとって「（値段を）まけられてくやしい」とも一般に解釈されるのは、可能性として十分あり得る話である。

また、地方によっては「お布団かぶってちょいと来ておくれ」「鬼が怖くて行かれない」とするが、これは、逃げようにも監視が厳しくてとても逃げられないという意味にも受け取れそうである。

「素直な子どもの世界」だからこそ、あまりにぞっとする唄が、貧しかったむかしの名残《なごり》をそのまま受け継いでいるとは考えられないだろうか。けっして断定はできないが、道徳や理性では語りきれない出来事がたしかにあり、理屈では拭《ぬぐ》おうにも拭いきれない事実もあったのだ。

〈参考文献〉

(1)『無縁・公界・楽—日本中世の自由と平和』網野善彦著(平凡社)
(2)『しぐさの民俗学—呪術的世界と心性』常光徹著(ミネルヴァ書房)
(3)『日本こどものあそび大図鑑』笹間良彦著(遊子館)
(4)『日本中世貨幣史論』高木久史著(校倉書房)
(5)『日本遊戯史』酒井欣(建設社)
(6)『遊戯大事典』中島海著(不昧堂書店)
(7)『鶴屋南北全集』鶴屋南北著(三一書房)
(8)『古事類苑』「大内家壁書」(全文データベース公開中)

4章

本当に恐ろしい「昔話」はいかに編まれたか

◎たとえば、人魚伝説と「浦島太郎」に共通するタブーとは

かちかち山——本来のストーリーに隠された恐怖

●本当に恐いオリジナル版「かちかち山」

かの中江兆民《なかえちょうみん》にも影響を与えた江戸時代の漢文学者帆足愚亭《ほあしぐてい》は、『記翁媼事』にて「かちかち山」を記述している。日本五大昔話に数えられるこの話は、民俗学者の柳田国男によって初めて本格的に取り上げられた。

現代の「かちかち山」は溺《おぼ》れるタヌキも助けられて、めでたしめでたしという結末が多いが、オリジナルは相当恐ろしい内容となっている。その原話に近い一般的なストーリーは、すでに江戸時代には完成していたようであるが、関敬吾が編さんした『こぶとり爺さん・かちかち山　日本の昔話I』（岩波文庫）によると、さらに古いふたつの昔話がもとになっているという。

筆者の祖父母は岩手県東磐井郡の生まれで、民話語りに長《た》けた人たちであったが、筆者自身が聞いて育った昔話とほぼ内容が一致している。

まずはオリジナルの「かちかち山」に至るプロトタイプ（原型）の2話について、

筆者のあらすじで確認しておこう。ただし、後半の別話は、タヌキではなくクマが登場し、その役割を演じている。

〈オリジナル「かちかち山」に至るプロトタイプ① タヌキの悪事編〉

むかしむかしあるところに、お爺さんとお婆さんがいた。お爺さんは畑に出て種をまいていたが、いたずらもののタヌキがいて、毎日しつこくからかってくるので手を焼いていた。さらに、いつまでたっても芽が出てこないので変に思っていたが、このタヌキが、夜に種をすべて食べていたことを知り、激怒した。

ある日、お爺さんは、帰ったふりをしてタヌキが出てくるのを待ち、用意していた鳥もちをタヌキの休み石に塗って捕まえた。お爺さんはタヌキを家に持ち帰り、タヌキ汁にするつもりで梁《はり》に吊《つる》し上げ、また畑に戻っていった。

家ではお婆さんが、タヌキ汁をつくる準備を始めた。タヌキは何とか逃げようとするが、どうしても縄から抜けることができない。そこで、お婆さんにこう話しかけた。

「お婆さん、縄がきつくて痛い。少し緩《ゆる》めてくれないか」

「そんなことをしたら、お前は逃げるだろう。逃げられては、私がお爺さんに叱《しか》られる」

お婆さんはそう言って仕事を続けた。そこで、タヌキは一計を案じて、こう持ちかける。

「お婆さん、私は悪いタヌキでした。食べられても仕方がない。でも、タヌキ汁をひとりでつくるのは大変だろう。私が手伝ってあげるよ。お爺さんが戻ってくるまでに、また縛られていればいいだろう？」

タヌキがしおらしく言うと、お婆さんはすっかりだまされてしまう。

「そうかい。だったら手伝ってもらおうかねぇ」

と、縄を緩めてしまった。するとタヌキは、いきなりお婆さんの額を思いっきり叩いて撲殺《ぼくさつ》し、皮を剝《は》いで肉を鍋に入れ、グツグツ煮込んだのである。それから、お婆さんの皮をかぶると何食わぬ顔をして、お爺さんの帰宅を待った。

お爺さんが帰ると、お婆さんの皮をかぶったタヌキは〝ばば汁〟をよそう。

「ちょっと肉がかたいな。やはり古ダヌキだったからかな」

などと言いながら、お爺さんは汁を食べてしまう。そしてずいぶん食べたときに、タヌキは皮を脱いで、ついに正体を見せたのである！

「やーい、食ったな。そいつは俺が殺して入れた婆さんの肉だぜ。ざまあ見ろ〜」

タヌキはそう捨てぜりふを吐くと、お爺さんが呆然《ぼうぜん》としているあいだにさっさと逃げてしまった。お爺さんは、あまりのショックに寝込んでしまう。タヌキにだまされただけでなく、最愛のお婆さんをなくし、しかも知らぬこととはいえ、その人肉を食べてしまったからである。

お爺さんが力無く泣いていると、ウサギがやってきた。

「お爺さん、お爺さん、どうしたの？」

お爺さんは、ウサギにすべてを話すと、ウサギは「ひどい奴だ。仕返ししてやる」と言って飛び出していった。

〈オリジナル「かちかち山」に至るプロトタイプ②　ウサギの悪事編〉

むかしむかしあるところに、ウサギとクマがいた。ある日、ウサギとクマは一緒にたきぎ拾いをすることになった。やがてたきぎがいっぱい取れたので、ふたりは山を下り始めた。ウサギはクマを先に行かせ、怠《なま》けたいためにこう言った。

「難儀《なんぎ》だ、難儀だ。おれは体が小さいから、おまえさんのように力仕事はできないよ」

クマはそれももっともだと思い、代わりにたきぎを全部背負ってやった。するとウサギは、後ろにまわってクマの背中の荷物に乗っかり、カチカチと火打ち石を打った。

「ウサギどん、このカチカチいう音は何だろう」

「カチカチ山のカチカチ鳥が鳴いているんだよ」

とウサギは誤魔化した。やがて火がたきぎに付き、「ボー、ボー」と燃え始めた。

「ウサギどん、あのボーボーいう音は何だろう」

「あれはボーボー山のボーボー鳥が鳴いているんだよ」

しかし、そのうち背中が熱くなって、クマは叫びながら走って行った。大やけどを負って苦しみながら山を越えていくと、ウサギがフジヅルをとっていた。

「おい、さっきはひどい目に遭わせやがって！」

と怒鳴ると、ウサギは何食わぬ顔で、何のことかと聞き返す。

「昨日、カチカチ山で俺にヤケドを負わせただろうが！」

怒るクマに、ウサギはすましてこう言った。

「それは前山のこと。前山のウサギは前山のうさぎ。ここは藤山さ。藤山のウサギはそんなことは知らんぞ」

クマが「もっともだ」と納得すると、ウサギはフジヅル遊びに誘ってきた。フジヅルで手足を縛り、山の斜面を転げ回る楽しい遊びだという。それは楽しそうだと、クマは言われるがままに転げ落ちると、起き上がれないほどの大けがを負ってしまう。痛みに耐えながらウンウン唸《うな》って山を越えていくと、ウサギがたで味噌をつくっていた。食って掛かるクマに、ウサギはまたすまして言った。

「それは藤山のこと。藤山のウサギは藤山のうさぎ。ここはたで山さ。たで山のウサギはそんなことは知らんぞ」

クマが納得すると、ウサギはこう言った。

「君はケガをしたのかい？　それは可哀想に。ちょうど僕は薬をつくったので街へ売りに行こうとしていたのさ。やけどやケガに効くから塗ってあげようか？」

すっかりだまされて塗ってもらうと、塩気たっぷりの味噌なので傷にしみること。悶絶《もんぜつ》しているあいだに、ウサギは逃げてしまった。悔しがりながら痛みをこらえて山を越えていくと、ウサギが木を伐《き》っていた。ひどい薬を塗ってくれたと怒ると、ウサギはまたまたすまして言う。

「それはたで山のこと。たで山のウサギはたで山のうさぎ。ここは杉山さ。杉山のウサギはそんなこと知らんぞ」

やはり納得したクマに、ウサギはこんな提案をしてきた。

「木を伐って船をつくっているんだ。魚でも釣ろうかと思ってね。君も釣らないかい？」

クマが乗ってくると、ウサギは、自分は体が白いから木舟をつくるが、君は体が黒いから泥で舟をつくるようにと言う。船が出来上がると、一緒に川に出て釣りを始めた。ところが、ウサギの舟は木なので浮くが、クマの舟は泥なので、だんだん沈んでいく。

「助けてくれ！」

クマは叫んだが、ウサギは助けるふりをして釣り竿を突きだし、かえって深い淵に誘って溺死《できし》させてしまった。ウサギは死んだクマを引きずり上げ、近所の家で鍋を借りて熊鍋を煮ると、留守番をしていた子どもたちと一緒に食べた。そして頭と骨だけを食べ残すと子どもらにこう言いつけた。

「いいか、父ちゃんと母ちゃんが帰ってきたら、これを齧《かじ》るように言え！　おれは山に帰って寝ているからな。おれのことは黙っているんだぞ」

親たちがまもなく帰宅すると、子どもらはウサギに言われたとおりに伝えた。親たちが素直にしたがって齧ると、歯はすべて欠けてしまった。怒った親たちは、ウサギの居所を聞き出すと、そのとおりにウサギが寝ていた。親たちが枕元の刀を持ってくるように子どもらに命じると、慌《あわ》てた子どもらは枕を持ってきてしまった。

「この馬鹿者！　枕元の刀だ。わからないなら、まな板の上から包丁を持ってこい！」

すると今度は、慌ててまな板を持ってきてしまった。

「なんて馬鹿な子どもらだ！　しょうがない、まな板でウサギを押さえつけておけ」

今度こそと、親たちは自分で出刃包丁を取りに走る。しかし、その間に、ウサギは言葉巧みに子どもをだまして逃げ出した。

そこへ出刃包丁を持って戻ってきた親たちは、ウサギの逃げる姿を見て、包丁を勢いよく投げつけた。するとウサギの尻尾に当たり、スパッと尾が切れた。そのときからウサギの尾がなくなったという。

●異なる物語が合体されたわけ

柳田国男は1935年に発表した「かちかち山」（『昔話と文学』所収）、および1939年に発表した「続かちかち山」（『昔話覚書』所収）という2本の論文で、これらの説話を、以下の三つの異なる物語の合成であると考察している。

〈第1話〉いたずらものの動物が捕らえられる話（爺がタヌキを捕まえる）

〈第2話〉動物が知恵で危機を乗り越える話（タヌキが婆をだまして殺し、逃走する）

〈第3話〉動物たちの争いの話（ウサギが相手をいたぶって殺してしまう）

実際、関敬吾も「かちかち山」をさらにくわしく分類し、柳田同様に前半と後半では物語の性格がまったく異なることを指摘している。[(1)(2)]その真偽のほどはここでは記さないが、人類最大のタブーといわれるカニバリズム（人肉を食う風習）を含む立派な〝SMホラーストーリー〟であることは確かである。

すなわち前話からは、人肉食は禁じられるべき行為であること、そして後話からは、もしそれをおかせば、恐ろしい報いが待っていることを訴えようとした伝承者たちのメッセージが読み取れるからだ。

ただ、当時の人々がもっとも伝えたかったのは「見知らぬ者の言うことなど、たやすく信じるな」という戒めであろうと筆者は推測する。西洋に見る「赤ずきん」や「ヘンゼルとグレーテル」なども同様であるが、わが家を出て、一歩でも森（つまり大人の社会という意味）の中に入り込んだら、無知なお前たちを食い物にしようとする「善人面をした悪人」が、ごまんといるのだぞと教示するのである。

これは、立派な日本風のクリティカルシンキング（健全な批判精神にもとづく客観的な思考）の教育である。現代のアメリカでも一般的に小学校などで採り入れられているクリティカルシンキング教育は、古くから日本では、こうした民話によって実践されていた。

ちなみに「クリティカル」の意味する批判とは、ただ単に相手を批判することではなく、論理的に自分自身が正しい行動をしているのか、自己に問いかけることだ。お婆さんの判断は正しかったのか、クマの行動は正しかったのかと――。

本来は異なって存在していた昔話が、やがてひとつにまとまっていった過程には、こうした禁忌を補強し、古くからの掟《おきて》を固く守って戒め、自分自身をふり返るためにも勧善懲悪《かんぜんちょうあく》の話として、一話に完結させたいという意図を垣間見ることができるのである。

●まだまだある、救いがない昔話

カニバリズムといえば、これに近似する「瓜《うり》子姫子」という話が、岩手県和賀郡更木村（現在の北上市）にも昔話として伝わっている。

お婆さんが川で流れていた瓜を拾い、持ち帰った。すると瓜の中から、可愛らしい女の子が生まれた。子どものいなかったお爺さんとお婆さんは、子どもに「瓜子姫子」と名づけて夫婦で大切に育てた。

ある日のこと、お爺さんとお婆さんが赤い着物とかんざしを買いに出かけた留守のあいだに、ムジナが若い女に化けてやって来た。しかし、その女には尻尾が見えたので、瓜子姫子は戸を開けなかった。するとムジナは無理矢理家に入って来て、瓜子姫子を殺してしまう。そして彼女の肉を煮込み、皮は剝《は》いでかぶり、瓜子姫子に化けて待っていた。

やがて、何も知らないお爺さんとお婆さんが帰ってきた。喜んでもらおうと買ってきた赤い着物を差し出したが、ちっとも瓜子姫子が喜ばないので不思議に思った。またそこで、いったい何の肉を煮ているのかと尋ねたところ、隣からムジナ汁をもらったのだと聞かされる。

何の疑いもせず、すすめられるままにそれを食べ終わると、とたんにムジナは本性を現した。瓜子姫子の皮を脱ぎ捨てて、囃《はや》したてながら山奥へ逃げ去ってしまった。

「なんて馬鹿な爺さんと婆さんだ。娘を食っちまっても気づかないなんてさ!」

あまりにも救いがない話だが、人々があえて伝承してきたこれらの民話は、一体何を訴えているのだろうか。

太宰治も、こうした「カチカチ山」のウサギの執拗《しつよう》なタヌキ苛《いじ》めに注目し、それぞれ16歳の処女と中年の醜男とに設定して、たいへん興味深い説話を書き残している。人間の自覚できない深層心理には、かくも恐ろしい闇の世界がひろがっているということだろうが、少なくともむかしの人は、それを理屈抜きで知っていたに違いない。

八百比丘尼《やおびくに》伝説――人魚伝説と「浦島太郎」に共通するタブーとは

●世界各地で目撃された人魚

ライン川のローレライ、アイルランドのメロウ、ノルウェーのハルフゥ、韓国の浪奸《ろうかん》などなど。上半身がヒトで下半身が魚類という人魚伝説は、世界各地に伝えられている。身近なところでは、コーヒーチェーン店のスターバックスのオリジナルロゴに、ギリシャ神話のセイレーンが描かれているが、なぜ人魚はこれほどまでにわれわれの心を惹きつけるのだろうか。

今でこそ人魚は、アザラシやジュゴンによる〝見間違い説〟が多く囁《ささや》かれるが、少なくともむかしは、人魚の存在を心底信じていたようだ。なぜか北海道を除く――海水が冷たすぎるためか――全国に人魚伝説が語り継がれており、これらには食欲と性欲に通じた〝ある共通の特徴〟がある。

①禁を犯して人魚の肉を食べてしまう（しかも極上の美味らしい）
②食した人はいつまでも若々しい（交わった異性は死に至る）

③不老長寿で800〜1000年を生き続ける（だからといって不死ではなく、いつかは死を迎えるか姿を消す）

④怒りにふれると地震などの自然災害を起こすが、信仰すると無病息災などの吉兆をもたらす（信仰の対象となっている）

『日本書紀』でも推古《すいこ》天皇27年（619）の条に、「蒲生河に物有り。その形人の如し」と記載されている。

これをもって即人魚の記述とすることはできないが、折しもその年はたいへんな干ばつで、村人が困り果てていたところ、近江国蒲生河、現在の蒲生町佐久良川の「小姓が淵」はなぜか清水を満々とたたえていた。これを不思議に思った村の若者が、こっそり「小姓が淵」に行くと、三兄妹の小姓が、尾を利して清水を汲み上げる光景に出合った。ほどなく人か魚か、見分けがつかないその姿に不思議なものがいるとの噂が立ち、その話が人魚伝説の由来となって定着したという。

また、鎌倉時代の『古今著聞集《ここんちよもんじゆう》』（巻第20「魚虫禽獣」）には、平忠盛《たいらのただもり》（清盛の父）が、漁民によって持ち込まれた人面の魚を突き返した話が残っている。

伊勢の国の別保（現在の三重県津市河芸町上野《かわげちよう》）というところに、平忠盛が訪れたときのことである。

　伊勢の漁民が日々網を引いていたところ、ある日、大きな魚が網にかかった。頭はまるで人間のようであるが、歯は細かく生え揃った魚そのものであり、口は不自然に出ていて猿にも似ていた。体は普通の魚であった。網には3匹がかかったので、漁民ふたりがかりでこれを背負ったところ、それでも尾ひれは、まだ地面に引きずられるくらいの大きさであった。

　漁民が大魚に近づくと、わめき叫んで、その声はほとんど人間のようであり、さらに涙を流す様子も人間と変わらなかった。漁民は驚き呆れて、3匹のうちの2匹を忠盛のもとに献上し、残りの1匹は漁民のものとした。ところが忠盛は気味悪がって、ただちに漁民たちへ返した。

描かれた人魚
「建木の西にあり。人面にして魚身、足なし。胸より上は人にして下は魚に似たり。是てい人国の人なりとも云」とある。
『百鬼夜行拾遺』鳥山石燕
（国立国会図書館デジタル化資料より）

すると漁民たちは、3匹の大魚をすべて切って食べてしまった。食べたけれど、誰にも別条はなく、その味はたいへん美味であったと聞いている。おそらく人魚といわれるものは、この大魚のことをいうのであろう。

さらに江戸時代の越中《えっちゅう》（富山県）の国では、四方浦という場所で、角を持った全長11メートルの人魚を、人々が450丁もの銃で撃退したといわれる(3)。

●人魚を食べて800歳まで生きた少女

ところで、日本でもっとも有名なのは『八百比丘尼』の物語であろう。若狭《わかさ》国（福井県）の、ある古いほら穴には、人魚の肉を食べた女が800歳まで生きて、身を隠したとの伝承がある。その女は尼さんになって諸国を回ったので、いつの頃からか「800歳の尼僧」という意味の、八百比丘尼と呼ばれるようになったという。八百比丘尼伝説の典型的な話をたどってみよう。

そのむかし、越中の玉椿《たまつばき》というところに八百比丘尼という尼僧がいた。800歳にもなりながら娘のように美しい女性であったが、そこにはこんな秘密があったという。

越中の黒部に、玉椿という港町があった。当時はたいへん栄えて、玉椿千軒《せんげん》と呼ばれたその港町の長《おさ》が、ある日、京へ上ることになった。すると見知らぬ侍と旅の道連れになり、親しくなった。侍が言うには、自分は越後（新潟県）の三越左右衛門という名の古狐だと告白する。そして、玉椿の長の家まで遊びに行ってもいいかと聞いた。長も気が合ったのか、快諾した。

そうしてある日、約束どおり狐の三越左右衛門が玉椿までやってきた。狐左右衛門はこれも縁だからと、長の屋敷裏に別荘を建ててやろうと申し出た。長はたいそう喜んで、それならばとお願いしたところ、狐左右衛門は越後中の狐を皆呼び寄せて、たちまち立派な別荘をこしらえたのだった。

こうして新築のお祝いの日となった。狐左右衛門は山海の珍味を揃え、手下の狐たちに料理を言いつけていると、玉椿の長に招かれた客のひとりが、台所の様子をそっと覗《のぞ》きに行った。するとどうだろう、狐たちが切り刻んでいる肉は、人間の形をしているではないか！　驚いた男は、さっそく他の客たちにもそれを話した。

やがて御膳が運ばれてきたが、人間のような肉を料理していることを知ってしまった客たちは、誰も食べようとはしなかった。それどころか、料理を懐《ふところ》に入れたり、膳の下に隠したりして、食べたふりをするのだった。

そんななか、酔いつぶれたために、膳の料理をそのままにして帰った客がいた。狐左右衛門は、その残った膳の肉を見つけると、こうつぶやいた。

「人間は度胸がない。これを食べたら長生きができるというのに」

そうして隣に居残っていた娘に肉をひとつまみすすめたところ、娘はあまり深く考えもせずに、それを食べてしまった。

実はこの肉こそ、人魚の肉だったのである。人魚を食らえば長生きするという伝説のとおり、娘は800年も生き続け、やがて「八百比丘尼」とか「白比丘尼」と呼ばれるようになった。いつまでも美しい尼は、富来の海岸沿いや久喜、そして門前にかけて、次々に椿を植えて歩くなど、諸国を遍歴する孤独な旅を続けたという。

●浦島太郎は、なぜ不死を選ばなかったのか

手塚治虫の『火の鳥』にも登場するこの八百比丘尼の話は、読み返すたび私たちに「死とは何か」を生々しく問いかけてくる。最後はほら穴の中に入定《にゅうじょう》していく八百比丘尼の姿は、人間にとって不死こそ真に恐ろしいのだと教えてくれているような気さえする。

その意味で、たとえば先述のイワナガ姫とコノハナノサクヤ姫の神話（81頁参照）

や、『日本書記』や『播磨《はりま》国風土記』にも登場する「浦島子」伝説、通称「浦島太郎」の昔話も、同じく不死をテーマにした説話であると解釈できるだろう。

太郎もやはり欲望に従ったまま、夢のような日々を竜宮城で過ごす。しかし、わずか数日間のその出来事が、村では数百年にも及んでいたというこの話、若々しさを長年保ち続けた八百比丘尼とほぼ同じシチュエーションといえないだろうか。

人間の過剰な欲望の代償として、死を取り上げられてしまった八百比丘尼と、本能と欲求だけが支配する竜宮城に身を置いてしまった太郎。時間というものが存在しない世界に生きたこのふたりは〝永遠に生き続けなければならない苦しみ〟を背負ったという点で、酷似している。

ただし浦島太郎は、最後に時間という玉くしげ（玉手箱）を開けることによって、人としての営みの流れに帰っていくという解決法を選択する。筆者は、太郎は思わず箱を開けたのではなく、意図的に開封したと考えている。すなわち、鯛や平目が舞い踊るだけの非人間的世界を捨て、あえて人間らしく死ぬ道をみずから選んだのだ。

一方、いつまでも人間と畜類のあいだをさまよい続けた孤独な人魚は、人間らしさとは何か、そして死ぬことの意味とは何かという深刻な問題を、われわれ現代人に突きつけているのである。

米福粟福《こめふくあわふく》――いじめたら、恐ろしい報復が待っている

●日本版シンデレラ「米福粟福」

日本の昔話には、不思議と世界に似たような話がいくつかあるものである。似ているどころか、ほとんど同じといっていいほど近似した物語といえば、「ギリシャ神話」のオルフェウスの物語と『古事記』の黄泉《よみ》の国の話がある。古代であっても、異文化交流と情報伝達は盛んに行なわれていたという証左でもあろう。

あるいは、イギリスの「親指トム」は、「一寸法師」にも似ているし、また日本の「こぶとり爺さん」に似た話に、アイルランドの「ダルーアン・ダモルト」という昔話もある。洋の東西を問わず、昔話には共通した人間の知恵とメッセージが隠されているということだろうか。

ここで紹介したい話は、日本版「シンデレラ」といわれる「米福粟福」という昔話である。男性版の類似系では「灰坊」、あるいは「灰坊太郎」という話も伝わっているが、とにかく継母の、前妻の子に対する厳しい仕打ちと、実子に対する溺愛ぶりが

対照的な物語である。

継子いじめの話はヨーロッパのものが有名であるが、中国、韓国、ミャンマー、トルコなどでも伝えられている。この話は「糠福米福」「お月お星」「お銀小銀」「粟袋米袋」などという名で伝わる地方も数多くあり、細部にわたって異なるヴァージョンがいくつか存在する。その中から、比較的〝おだやか〟な、東北地方に伝わる話を紹介しよう。

むかしむかし、米福と粟福という名前の姉妹がいた。米福は先妻の子、粟福は後妻の実子だった。

ある日、継母は姉妹を山に栗拾いにやった。そして、自分の子ではない米福には、わざと破れた袋を渡した。薄情な妹は、自分は拾うだけ拾うと、さっさと山を下りていった。

米福が栗を拾い続けていると、いつの間にか見知らぬ山へと来ていた。途方に暮れていると、目の前で山風が吹き荒れ、山栗が大量に落ちたかと思うと、大きな穴の中へみな転がっていく。米福は、山栗の後を追いかけて穴の中へと入っていった。

穴の中は部屋のようになっており、山姥《やまうば》がひとり糸を紡《つむ》いでいた。「いったい何しに来た?」と尋ねられ、わけを話すと、山姥はかわいそうな境遇の米福を哀れんだ。

「じつは、まもなく鬼の兄弟がここへ帰ってくる。そうすればお前なんか、あっという間に食われちまうぞ。はやくおれの尻の下に隠れろ」

そう言い終わるか終わらないうちに、地響きとともに鬼たちが帰ってきた。

「人くせえ、人くせえ。ばばよ、ここに人が来たな」

「誰も来やしねえよ」

「おい、ばば、そこをどいて見せろや」

「そんなことしたら、おめえのまなこ、突き刺すぞ」

「じゃあ、ばばよ、豆炒《い》ってくれろ」

「おら、今日は腰が痛えから、豆炒りどころじゃねえよ」

鬼の兄弟は、不満そうな顔つきで自分たちの豆を炒ると、それを食べてさっさと寝てしまった。

「さあ、もう心配ねえぞ。それはそうと、お前、おらのシラミ取ってくれろ」

頼まれるままに山姥のシラミを取ってやると、山姥はたいそう喜び、小さな宝箱と、山栗をいっぱいに詰めた袋をくれた。こうして米福は、無事に家に帰ることができた。

やがて秋祭りの日が来た。冷酷な継母と粟福は着飾って祭りに出かけていくが、米福は留守番を言いつけられ、「カゴで風呂に水を汲め」「粟を十石ついておけ」と、とても終わらないようなきつい仕事を命じられる。

米福が涙を流して悲しんでいると、通り掛かりのお坊さんが、米福のために衣の袖でカゴを包んでくれた。おかげで水が漏れなくなり、たちまち風呂桶はいっぱいになった。粟つきの仕事も、どこからかたくさんのスズメが来て、たちまち片付けてくれるのだった。

言いつけられた仕事を終えると、米福は山姥にもらった宝箱から着物を取り出し、それを着て祭りへ出かけた。すると、あまりにその容姿が美しかったので、桟敷席《さじき》（貴賓席）に案内されて、お菓子やご馳走をもらうことになった。

桟敷席からあたりを眺めていると、ずっと下のほうには継母と粟福がいるではないか。心優しい米福は、自分だけがご馳走をいただいていることに耐えられず、饅頭の袋などをふたりに投げ与えるのだった。

米福がひと足早く家に帰り、もとのボロ着をまとって働いていると、ふたりが戻ってきた。するとそこへ、祭りで見た美しい米福を是非とも嫁にもらいたいと、長者の使いが現れる。継母は、何かの間違いだと言い、なんとか実子の粟福を嫁にやろうとする。しかし、心優しく美しい米福でなければ駄目だと言われ、米福は長者の家へ嫁入りしていく。

うらやましさと悔しさでいっぱいの粟福だったが、誰も嫁にもらいに来ない。継母は業《ごう》を煮やし、臼《うす》に粟福を乗せると、嫁入りに見たててゴロゴロと曳《ひ》き回すのだった。そのうち、ふたりとも誤って泥沼の田んぼにはまって沈んでしまう。そのふたりの変わり果てた姿が、今の〝タニシ〟なのだという。

●山姥《やまうば》というキャラクターの意味するもの

異母姉妹が山に行かされるのは「栗拾い」が多いが、このほかにイチゴ、ドングリ、トチの実、ワラビ、シイの実の例がある。また、継子を救うのも山姥をはじめ、老婆、動物、実母の亡霊といったヴァージョンがある。話の結末に関しても、タニシになったり、貝になったり、あるいは継母が実子を殺したり、継母親子がふたりとも殺されてしまうというものもある。

土地柄によって登場キャラクターは多少異なるが、大筋においてシンデレラパターンに収斂《しゅうれん》され、冒頭でいじめられるほうは幸福な結末を迎えるが、ひどい仕打ちを浴びせていじめるほうは無残で惨《みじ》めな死を迎えるのが特徴となっている。

もうひとつ注目したい特徴は、山姥のキャラクターだ。通常、山姥は山中に来た者を襲って食らう恐ろしい存在である。しかし民話によっては、人里に現れては耕作や糸紡ぎなど、一種の技術を生かして作業を手伝う心優しい性格の一面が知られる。つまり、命を奪う恐ろしい魔物でありながら、同時に福をもたらす神でもあるという二面性を有しているのだ。

実は、この二面性こそ「山神《さんじん》信仰」の影響と考えられている。誰もが貧しかったそのむかし、河童は、かつて川に捨てられて間引かれた、わが子の生まれ変わりだと信じられていた。

同じように、年老いて山奥へ捨てられた姨捨《うばす》てが、やがて山姥となっていったという見方もできるだろう。だからこそ、河童も山姥も私たちを優しく見守り、福をもたらす一面を持ちながら、人に害をなす恐ろしい怪物にも変貌するのだ。

さらにこの二面性は、良いことをすれば良い結果が、悪いことをすれば悪の報いをもたらすという善因善果・悪因悪果の道徳律として機能しているといえる。あるいはまた、山姥という妖怪の名を借りて、生きるためという大義名分のもと、多くの命を犠牲にしてきた、いわば、私たち人間自身の贖罪《しょくざい》意識を表していると筆者は解釈している。

小泉小太郎《こいずみこたろう》――タブーを冒した人間はどこへ行くか

●『龍の小太郎』の元となった民話

松谷みよ子の童話『龍の子太郎』（1960年発表）には、貧しい村の女が、孕《はら》んだわが子のために禁じられていたイワナを食べ、恐ろしい姿の龍となる説話が描かれている。あらすじは、こうだ。

龍と化して乳の出ない母は、自分の両目をくりぬき、我が子、太郎の口にそれを含ませると、遠い湖へと旅立っていく。成長した太郎は、紆余曲折《うよきょくせつ》の末に母を訪ねてはるかな旅に出ることになるが、その旅で目にしたのは貧しさの中で次々に餓死《がし》していく人々と、それでも太郎に食事を分け与えてくれる心優しき村人たちであった。

やがて母との涙の再会を果たした太郎は、干ばつにあえぐ村人のため、湖の水を川に流すことを思いつく。盲目の龍の背に乗った太郎は母の目の代わりとなり、母子ともども命をかけて山に体当たりを繰り返すのだった。

国際アンデルセン賞優良賞にも輝いた本著は、感動の物語として次世代へ受け継がれるべき名作であるといえる。ただ、やはり松谷氏自身が『民話の世界』（ＰＨＰ研究所）で述べているとおり、この物語は、長野県は上田に伝わる民話「小泉小太郎」と松本に伝わる民話「泉小太郎」に依拠しながら、東北地方の八郎伝説を組み合わせて再話している物語である。

そこで、時に美談は、事実の持つ真のメッセージを覆い隠してしまうこともあると危惧《きぐ》すれば、やはりこの際、童話と同じように原話もあわせて知っておきたいものである。

美しい母子の物語は、モチーフはともあれ、ひとつの確立された松谷文学の世界であって、孤高の作品としての威厳を持っている。が、しかし民話の有する独特の視点には、けっして時代の価値観には左右されない、古人の生々しい遺言がつづられているのであり、恐怖の警告を内包しているものなのである。

それでは原拠とされる昔話「小泉小太郎」について、幾とおりかある中から、典型的な一例を紹介することにしよう。

むかし、信州に独鈷山《とつこさん》というけわしい山があった。山の寺にはひとりの若い僧が住んでいたが、いつの頃からかその僧のもとへ、素性の知れぬ女が通ってくるようになった。なぜこんな山寺に通ってくるのか不思議に思った僧は、ある夜、女の着物に糸のついた縫い針を刺しておいた。

夜が明けて、僧が仕込んだ糸を探すと、境内《けいだい》を抜けて山の沢を下り、産川の上流にある鞍淵の大きな石のところまで続いていた。僧がふと岩の上を見上げると、生まれたばかりの赤ん坊を背に乗せた大蛇がのたうち回っているではないか！　大蛇は、

「あなたに本当の姿を見られてしまっては、生きていることはできません。しかも刺された針のために、体中に鉄の毒が回ってしまいました。どうかこの子をお頼み申します」

と告げて赤ん坊を岩の上に下ろし、深い淵の中へと姿を消した。しかし若い僧は、あまりの恐ろしさに、赤ん坊をそこに残して逃げ帰ってしまう。

それから3日目に大雨が降り、赤ん坊は下流の小泉村まで流されていった。そこで子どものいないお婆さんに拾われると「小泉小太郎」と名づけられ、大切に育てられる。

そして15年が経った。すっかり大きくなった小太郎だが、ちっとも働こうとしない。

さすがにお婆さんが、少しは手伝いくらいしてくれと頼むと、生来力持ちの小太郎は、あっという間に小泉山のすべての萩《はぎ》の木を伐採してみせた。

驚いたお婆さんは「やはりおまえは只者ではない。川から流れてくるし、腹にはウロコのようなあともあるし……」とつぶやいた。小太郎ははじめてみずからの出生の秘密を聞かされ、母を訪ねて川を遡《さかのぼ》ることにした。ずいぶん歩いていくと、鞍淵という水辺にたどり着いた。すると、

「西南の高い山を越えて行きなさい。そこには大きな湖があり、龍が棲《す》んでいる。その龍がおまえの本当の母なのだよ」

という声がした。小太郎は、母に会いたい一心でその湖を目指すことにした。道のりは厳しかったが、その途中、親切にしてくれた村人たちから、こんな言葉を聞く。

「水さえあれば、この村の田んぼも畑も助かるんだがなあ」

ある日のこと、ようやくひとつの高い山を上りつめる。眼下に大きな湖が広がっていた。思わず「おっかさーん！」と叫ぶと、湖から大きな龍が現れた。

龍は、自分が母であることを話し、ここでふたりで暮らしたいと告げる。そんな母龍に、小太郎は、ここへたどり着くまでに見た、悲惨な生活をする村々の様子や、親切にしてくれた人々のことを話した。

「おっかさん、おいらは人の役に立ちたいんだ。水さえあれば、みんな助かる。おっかさんと力を合わせて、この湖の水を流してやりてえんだ！」

その翌朝から、小太郎を背に乗せた母龍は、山を切り崩して水を流すため、岩肌に幾度も幾度も体当たりを続けた。小太郎は母の背にしがみつき、体当たりする母の目となって導いた。母龍も体中に無数の傷を負いながら、岩にぶつかっていく。

そしてついに山に裂け目が拓《ひら》かれ、そこから滝となって水があふれ出た。その水はどんどん信濃《しなの》の国を貫き通し、海へと流れ着いた。そのときにできた川が、千曲川《ちくまがわ》へとそそぐ犀川《さいがわ》なのである。

●タブーは破られるためにある？

この話には、いくつかのタブーとそれを破る行為が見られる。

まず、①出家の身である若い僧が美しい女と密通し、子を産ませる→②〝見るなのタブー〟をおかして女の本性をつきとめてしまう→③結果的に、僧は針を刺すことによって殺生戒を破る→④大蛇はわが子を捨てる→⑤僧もわが子に怯《おび》え、逃げ去る、といった具合である。

見方によっては「若い僧」はその通りに仏教、蛇は川の水神を表すとすれば神道を指すので、ある意味で大陸からの外来宗教である仏教が、土着の宗教である神道と交流を重ねるうちに「神仏習合」を生み出したとも理解されるだろう。

独鈷山と称される名は、両端が鋭角になって煩悩《ぼんのう》を突き通す密教の仏具「独鈷《とっこ》」であり、おのずと女に刺した縫い針を彷彿《ほうふつ》させる。神道の教えに深く入り込んだ仏教の〝針（＝独鈷）〟は、日本の古い神々の教えからすれば、あたかもその体に〝毒〟を巡らすがごとくに浸透し、神の体の動きをとめる武器ともなる。

もはや禁忌をおかし、習合の営みの末に生まれた〝子ども〟は、僧侶（本来の大陸的な仏教）でもなく大蛇（日本古来の神道）でもない、新しい姿をしていなければならない。つまり原話は、古い禁忌の掟を超えたところに、次なる新世界が開かれることを暗示しているのだ。

密教の仏具「独鈷」

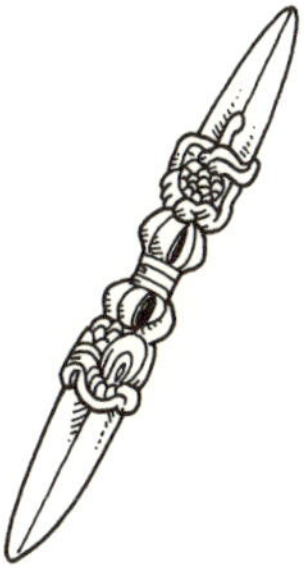

こうして、異種が一体化した日本独特の神仏の力は「小泉山の萩の木を一日で伐採」するほど産業の生産性を高め、生活に豊かさをもたらし、野山を開拓して水を操るようになる。自然に左右され続けていた人間の生活は、自然と向き合い、自然へ働きかける営みへと変化を遂げたということだろうか。

これらは、大陸由来の土木工学や生産技術を記載した仏教経典の知識と、それを身につけた仏教の遊行僧による指導が示されており、仏教の菩薩行なくしてはけっして達成できない事柄なのである。

●人間の世界を去った男を描いた「三匹のイワナ」

さらに、別の話型で「三匹のイワナ」として語り継がれている民話がある。青森、秋田、岩手県の一帯に八郎という大男、もしくは竜神の伝説群があり、やはり『龍の子太郎』の物語に組み入れられているモチーフである。

むかし、あるところに八郎太郎という若者がいた。八郎太郎は、仲間たちと3人で山に行って小屋に住み、日々交代をしながら仕事をしていた。

ある日、八郎太郎が炊事の当番をしていると、近くを流れる川に三匹のイワナを見つけた。八郎太郎はそれを捕まえると、小屋に持ち帰って焼き始めた。そのあまりにも旨そうな匂いに我慢できず、イワナをすべて食べ尽くしてしまった。

すると、急に喉《のど》が焼けるように渇き、水が欲しくたまらない。汲《く》み置きの水くらいでは到底足りず、沢まで下りると、八郎太郎は腹ばいになって野獣のように飲んだ。

そこへ、ふたりの仲間が山から帰って来た。その異様な姿を見て恐れるふたりに、八郎太郎は、これまでのいきさつと、自分はもう水から離れることができない身となったことを話す。そして人里へは帰れないことを告げ、それを家族に伝言するよう頼むと、いずことも知れず姿を消し去った。

その後、龍の姿に変わった八郎太郎は、その体で水をせき止めて十和田湖《とわだこ》をつくったとする伝説も残る。

また、南祖坊《なんそぼう》という山伏が現れて八郎太郎と激しく戦い、ついには八郎太郎が敗れて、十和田湖から出て米代川《よねしろがわ》を下り、そこに巨大な湖「八郎潟《がた》」をつくったとする伝説が東北地方に散見されるというが、これはおそらく、本来別な龍の伝承が時代とともに習合されてきた可能性が高いようだ。

ところで、冷水域に分布するサケ科淡水魚であるイワナは、かつてサケと同じように海と川を行き来していたという。しかし、氷河期が過ぎ去り分布域を南から北へ、平地から山間部へと狭めていく過程で、それができなくなってしまったと推測されている。つまり、冷水を好むのは氷河期の記憶なのである。

そのような山奥の清らかな冷水にしか生息できないイワナを食することは、もはや貴重なタンパク源の補給ということではなく、おいしい食事という意味ですらない。おそらくはマタギ文化にとって、イワナは龍の持つ玉のように、それ自体が霊力をそなえた神聖な生き物と理解されるのである。

そんな霊威あるものをひとりで、しかも仲間の分まで食べてしまうのは、欲望を抑えきれなかった男の末路を描いた〝いましめの話〟ではなく、古代から神聖視されてきた水神を冒瀆《ぼうとく》し、敢えてそれを食した男の禁忌破りの物語なのである。

神の掟をおかした者は、人間の世界にはとどまれず、あの世に赴《おもむ》くしか選択肢はない。八郎太郎が「里へは帰れないことを家族に伝えてくれ」と頼むのは、みずからは死んで次のステップに進むことを指す。

つまり、この物語における禁忌破りの罪は、あの世に往き、死者の世界から生者の世界を支えることによって、初めて清算されると述べているのである。死者の世界、それは精霊となった神々が宿る大自然の世界でもある。われわれ生者の世界は、その真っ只中で支えられて存在するに過ぎないのだ。

豊かな恵みをもたらすと同時に、人命を奪うほど恐ろしい牙をむく自然に、いにしえの人々はその都度、死者の意思を見出していたに違いない。自然界には、そんな死者たちの声なき声、姿なき姿が無数に宿っているのである。

〈参考文献〉

(1)『日本昔話集成』関敬吾著(角川書店)
(2)『日本昔話大成—動物昔話』関敬吾著(角川書店)
(3)『世界大百科事典』第11巻(平凡社)

恐ろしい風習、恐怖の物語が持つ力——あとがきにかえて

初版本の発行から4年の月日が流れた。あの東日本大震災から数えて5年。現代人の価値観がうねりを上げて大きく変わろうとしている昨今、私たちは、この世界の本当の姿や意味を見つめることができたのだろうか。

このたびの文庫化に際して、書斎の窓越しに境内を眺めれば、そこには満開のソメイヨシノが、狂おしいほどに鮮やかな姿を見せている。

「桜の樹の下には屍体《したい》が埋まっている」と看破《かんぱ》したのは梶井基次郎《かじいもとじろう》であった。美しい花々の景色のその裏側に、数知れない屍《しかばね》の山を見たのである。このことは、決して異常な観察ではない。少なくとも、仏教の開祖ゴータマ・ブッダの眼差しからすれば、ごく自然で当たり前に過ぎない情景といえる。

古くからインドでは、屍体が遺棄《いき》される墓場のことを寒林《かんりん》と呼ぶが、その寒林で日々の禅定《ぜんじょう》（座禅）を行なっていたブッダには、日常すべてにわたる光景の「真相」が見えていた。そうなのだ。物事の真実の姿である仏教語の真相とは「深層」を本質

として出現するものなのである。

実際、現世の物事が千変万化して移り変わるためのはたらきや能力のことを、サンスクリット語で「インドリヤ（indriya）」という。そしてこの現世を突き動かすインドリヤなる概念は、そのまま「根《こん》」と古くから漢訳されてきた。根、つまり物事の真相とは、大地の奥深くに広がる〝根っこ〟のことなのである。

大地に姿をあらわす草木は、けっしてその根の姿を我々に見せることはない。しかし地中に生長する根こそ、その草木の真相にして生命そのものであることはいうまでもない。樹齢数千年の大木であろうとも、根が病んでいればたちまち倒れてしまう。また、どんな小さな草花であろうとも、根が丈夫であればおのずと花を咲かせるものである。

しかし、私たちはその理屈だけは知ってはいても、切実な悩みに出会ったり、驚くべき知識や知恵によって目を見開かされたりする経験がない限り、目に見えない物事の真相を知ろうとはしないものだ。「月の裏側」があることは知っているが、月の裏側をも含めた真実の月の姿を見ようとはしないように。

残念ながら、諸行すなわちこの世の出来事は、あくまでも仮の姿でしかない。仏教ではそれを教えるために、現世に常（永久）なるものは一つもないという意味で「現世は無常」と標榜《ひょうぼう》する。かの『方丈記』を紐解けば、冒頭の句が、やはりそのことを明示している。

ゆく河の流れは絶えずして、しかももとの水にあらず。よどみに浮かぶうたかたは、かつ消え、かつ結びて、久しくとどまりたるためしなし。世の中にある人と栖《すみか》と、またかくのごとし。（中略）知らず、生まれ死ぬる人いづかたより来たりて、いづかたへか去る。また知らず、仮の宿り、誰がためにか心を悩まし、何によりてか目を喜ばしむる。

流れゆく河の水は絶えることなく、しかもそれはもとの同じ水ではない。よどみに浮かぶ泡は、一方では消え一方ではでき、長く留まっていた前例などない。世間の人と住まいも、それと同じようなものだ。（中略）ああ、わからないものだ。生まれては死んでいく人々は、いったいどこから来てどこへ去っていくというのか。またこれもわからないものだ。この生涯は仮そめの宿に過ぎないというのに、誰のために心を悩ませ、何によって目を喜ばせるというのか。（筆者意訳）

そう、人のいのちは河の流れに漂う水泡のようなもの。にもかかわらず、目先の出来事にとらわれて、悲喜こもごもの日々を送っているだけなのだ。長明のみならず、過去の先人たちは、世情という河に流されることなく俯瞰《ふかん》する知恵を身につければ、人間の本当の姿が見えてくることを語りかけているのである。

しかし、いくら「あなたは真実が見えていない」「この世は無常」と言われても、私たちが本当にそのことを実感し、物事の真実に近づこうとするのは容易なことではない。では、我々の先祖は、どのようにしてその語りかけを聞き入れ、物事の真相を見いだしてきたのだろうか。

それは多くの場合、不可解な風習や、恐ろしい物語に頼ってきたといえよう。そこには常に狂気が満ちている。そして狂気こそが言葉の論理性に支えられた〝合理的な日常〟を破壊する力を持っている。

たとえば日々繰り返されると思っていた安泰の日常が、理不尽な死の恐怖に直面することによって、突如瓦解《がかい》することがある。そうした日常という論理性の瓦解した局面において、狂気が恐怖となって我々を襲うことになる。狂気に満ちた力によって崩れ去った論理性が、恐怖によって〝論理的〟に日常を修復するのだ。

つまり、真相に暗い我々は、恐怖をまとったダークな物語によって目を開かされ、真実を知る（明らかになる）のである。この矛盾した動き——論理の跳躍——があったからこそ、人間は自己の精神と論理性のバランスを保ってきた。

したがって、実は自分が薄氷を踏むような脆弱《ぜいじゃく》な日常を送っていることは、誰もが感覚的に気づいているのだ。タブーなるものに誘惑されたり、忌《い》むべき嫌悪の対象さえも〝怖い物見たさ〟から、つい覗《のぞ》き見したりするのは、その証左である。

この非日常性が垣間見える恐怖の瞬間こそ、真相がむき出しになり、狂気に満ちた感性が物語という言葉になるときであることを先人たちは知っていたのである。

ときに嫌悪され、ときに魅了される恐怖。この恐怖に敏感であるというごく自然な感性がなければ、おそらく人生の真相に迫ることなど到底かなわず、風習や物語は単なる狂気として日常の闇の彼方へ始末されてしまうことになる。つねに生のみを謳歌する楽観主義者と、死のみを恐れる悲観主義者には、恐怖の言葉を妄言と早々に片づけ、いずれも現実の真相を見ることはできないだろう。

だからこそ、私は幾重にも問いかけたい。我々はあの災害から、一体何を感じとったのであろうか。我々はけっして恐怖を日常の片隅に埋没させてはならないのだ。梶井が語りかけるように、薄羽《うすば》かげろうが行き交う清流の谷河も、数日後には「産卵を終えた彼らの墓場」となるのだから。

恐怖への感性が、真相を物語る貴重な言葉を紡ぎ出すことを信じて、ここに文庫版を上梓するものである。

平成28年4月　千葉公慈

＊本書は単行本『知れば恐ろしい日本人の風習』（２０１２年12月　河出書房新社刊）の文庫化です。文庫化にあたり、加筆・訂正しております。

知《し》れば恐《おそ》ろしい日本人《にほんじん》の風習《ふうしゅう》

二〇一六年五月二〇日　初版発行
二〇二一年五月三〇日　10刷発行

著　者　千葉《ちば》公慈《こうじ》
企画・編集　株式会社夢の設計社
発行者　小野寺優
発行所　株式会社河出書房新社
〒一五一－〇〇五一
東京都渋谷区千駄ヶ谷二－三二－二
電話〇三－三四〇四－八六一一（編集）
〇三－三四〇四－一二〇一（営業）
https://www.kawade.co.jp/

ロゴ・表紙デザイン　粟津潔
本文フォーマット　佐々木暁
印刷・製本　中央精版印刷株式会社

Printed in Japan　ISBN978-4-309-41453-9

狐狸庵食道楽

遠藤周作　40827-9

遠藤周作没後十年。食と酒をテーマにまとめた初エッセイ。真の食通とは？　料理の切れ味とは？　名店の選び方とは？「違いのわかる男」狐狸庵流食の楽しみ方、酒の飲み方を味わい深く描いた絶品の数々！

ヘタな人生論より枕草子

荻野文子　41159-0

『枕草子』＝「インテリ女性のお気楽エッセイ」だが、陰謀渦巻く宮廷で、主を守り自分の節を曲げずに生きぬくことは簡単ではなかった。厳しい現実の中、清少納言が残した「美意識」に生き方の極意を学ぶ。

差別語とはなにか

塩見鮮一郎　40984-9

言語表現がなされる場においては、受け手に醸成される規範と、それを守るマスコミの規制を重視すべきである。そうした前提で、「差別語」に不快を感じる弱者の立場への配慮の重要性に目を覚ます。

弾左衛門とその時代

塩見鮮一郎　40887-3

幕藩体制下、関八州の被差別民の頭領として君臨し、下級刑吏による治安維持、死牛馬処理の運営を担った弾左衛門とその制度を解説。被差別身分から脱したが、職業特権も失った維新期の十三代弾左衛門を詳説。

貧民に墜ちた武士　乞胸という辻芸人

塩見鮮一郎　41239-9

徳川時代初期、戦国時代が終わって多くの武士が失職、辻芸人になった彼らは独自な被差別階級に墜ちた。その知られざる経緯と実態を初めて考察した画期的な書。

部落史入門

塩見鮮一郎　41430-0

被差別部落の誕生から歴史を解説した的確な入門書は以外に少ない。過去の歴史的な先駆文献も検証しながら、もっとも適任の著者がわかりやすくまとめる名著。

吉原という異界

塩見鮮一郎　41410-2

不夜城「吉原」遊廓の成立・変遷・実態をつぶさに研究した、画期的な書。非人頭の屋敷の横、江戸の片隅に囲われたアジールの歴史と民俗。徳川幕府の裏面史。著者の代表傑作。

日本の伝統美を訪ねて

白洲正子　40968-9

工芸、日本人のこころ、十一面観音、着物、骨董、髪、西行と芭蕉、弱法師、能、日本人の美意識、言葉の命……をめぐる名手たちとの対話。さまざまな日本の美しさを探る。

こころ休まる禅の言葉

松原哲明〔監修〕　40982-5

古今の名僧たちが残した禅の教えは、仕事や人間関係など多くの悩みを抱える現代人の傷ついた心を癒し、一歩前へと進む力を与えてくれる。そんな教えが凝縮された禅の言葉を名刹の住職が分かりやすく解説。

ヘタな人生論より一休のことば

松本市壽　41121-7

生きにくい現代をどのように生きるのか。「とんちの一休さん」でおなじみ、一休禅師の生き方や考え方から、そのヒントが見えてくる！　確かな勇気と知恵、力強い励ましがもらえる本。

妖怪になりたい

水木しげる　40694-7

ひとりだけ落第したのはなぜだったのか？　生まれ変わりは本当なのか？　そしてつげ義春や池上遼一とはいつ出会ったのか？　深くて魅力的な水木しげるのエッセイを集成したファン待望の一冊。

サンカ外伝

三角寛　41334-1

サンカ作家三角寛の代表作。戦前、大日本雄弁会より刊行された『山窩血笑記』より、現在読めないものを精選して構成。初期三角が描くピュアな世界。

山窩奇談

三角寛 41278-8

箕作り、箕直しなどを生業とし、セブリと呼ばれる天幕生活を営み、移動暮らしを送ったサンカ。その生態を聞き取った元新聞記者、研究者のサンカ実録。三角寛作品の初めての文庫化。一級の事件小説。

山窩は生きている

三角寛 41306-8

独自な取材と警察を通じてサンカとの圧倒的な交渉をもっていた三角寛の、実体験と伝聞から構成された読み物。在りし日の彼ら彼女らの生態が名文でまざまざと甦る。失われた日本を求めて。

周防大島昔話集

宮本常一 41187-3

祖父母から、土地の古老から、宮本常一が採集した郷土に伝わるむかし話。内外の豊富な話柄が熟成される、宮本常一における〈遠野物語〉ともいうべき貴重な一冊。

民俗のふるさと

宮本常一 41138-5

日本人の魂を形成した、村と町。それらの関係、成り立ちと変貌を、ていねいなフィールド調査から克明に描く。失われた故郷を求めて結実する、宮本民俗学の最高傑作。

山に生きる人びと

宮本常一 41115-6

サンカやマタギや木地師など、かつて山に暮らした漂泊民の実態を探訪・調査した、宮本常一の代表作初文庫化。もう一つの「忘れられた日本人」とも。没後三十年記念。

隠された神々

吉野裕子 41330-3

古代、太陽の運行に基き神を東西軸においた日本の信仰。だが白鳳期、星の信仰である中国の陰陽五行の影響により、日本の神々は突如、南北軸へ移行する……吉野民俗学の最良の入門書。